旅游民宿运营实操手册

Homestay Inn Operation Manual

徐灵枝　吴静　李超　编著

廣東旅游出版社
GUANGDONG TRAVEL & TOURISM PRESS
悦读书·悦旅行·悦享人生
中国·广州

图书在版编目（CIP）数据

旅游民宿运营实操手册 / 徐灵枝，吴静，李超编著．— 广州：广东旅游出版社，2021.12（2023.4 重印）

ISBN 978-7-5570-2645-5

Ⅰ．①旅… Ⅱ．①徐… ②吴… ③李… Ⅲ．①旅馆－服务业－经营管理－手册 Ⅳ．①F719.2-62

中国版本图书馆 CIP 数据核字（2021）第 246825 号

出 版 人：刘志松
统筹策划：何　阳
责任编辑：丁　星　张　琪
装帧设计：邓传志
责任校对：李瑞苑
责任技编：冼志良

旅游民宿运营实操手册
LüYOU MINSU YUNYING SHICAO SHOUCE

出版发行：广东旅游出版社
（广州市荔湾区沙面北街 71 号首、二层）
邮　　编：510130
电　　话：020-87348243
印　　刷：佛山家联印刷有限公司
（佛山市南海区桂城街道三山新城科能路 10 号自编 4 号楼三层之一）
开　　本：787mm×1092mm　1/16
字　　数：154 千字
印　　张：10
版次印次：2023 年 4 月第 1 版第 2 次印刷
定　　价：68.00 元

序一

艳丽木棉花，扛鼎沥血之作

人力资源，是制约民宿产业化发展的关键要素。

过去十年，是中国民宿行业高速发展的十年，也是民宿人才快速匮乏的十年。

资本的进入，政府的加持，消费的拉动带来民宿企业、民宿项目、民宿新兴区域数量的增长，让行业看起来欣欣向荣，但也形成和加剧了民宿人才的短缺，暴露出传统的人才培养模式已经完全不适应、不符合民宿行业发展需求的问题。

民宿人才，包括行业管理与促进、企业管理与经营、社团管理与运营、研究与教育、规划和设计等多职业、多专业、多领域。民宿人才，应该是通才，更必须是专才。

以往的民宿人力建设，既有其他行业的进入（如设计师做民宿），也有民宿企业的内生（如“宿二代”），少有经受专业教育的科班出身。

民宿人才资源建设，亟待破解的问题很多，其中尤以关键性、基础性工作——教材建设为甚。

虽然早在 2017 年 3 月，我和中国旅游协会民宿客栈与精品酒店分会就组织召开了第一届全国民宿人力资源建设座谈会，提出要迅速开始、尽快进行教材建设的设想和行动计划。虽然有不多的地方院校和社会培训机构已经零星编写完成一些民宿教材，但显而易见的是，已有的所谓教材，无论在数量品种上还是在内容品质上，都还有巨大的提升空间。

尤其是今年开始，“民宿管理与运营”已经成为高职院校的一个专业。嗷嗷待哺的学子和民宿业的管理者、服务者都对好的教材翘首以盼。

民宿教材，既需要解释现象、探究规律、作出预测的理论型、学术型，也需要授人以渔、解读经典、口授心传的实操型、技能型。

前者，我已经有具体的行动，比如倡议建立“民宿学”、组织力量编撰《民宿学概论》、筹备召开全国民宿学术研讨会等。

后者，就是大家捧在手里、看在眼里、记在脑里，由徐灵枝、李超两位民宿行业的少壮派专家及广东本土领军民宿品牌合伙人吴静联合出版的大作《旅游民宿运营实操手册》！

开展民宿学术研究很难，但毕竟是务虚。徐、吴、李三位的工作更难，因为必须务实。

他们做到了！

这三位作者的组合，真的是天造地设、珠联璧合。

虚。徐灵枝是国内旅游规划与研究领域岭南派的佼佼者，也是国内民宿研究的先行者，在这两个领域建树颇多。每年都出版的《全国民宿发展研究报告》，他是执行总编。以他横跨文旅、民宿两个领域的研究造诣，冷眼聚焦、精准剖析民宿这种“小、美、暖、软”的文化旅游创新业态自然不在话下。

实。李超是国内民宿企业经营管理行业第一批吃螃蟹的冒险家。他不仅有民宿企业、民宿产品的丰富操盘经验，更有以民宿行业协会负责人的角色服务企业的独特操盘经历；不仅有做好自己小微民宿企业的经营管理秘籍，更有建设国内第一个民宿集群“较场尾民宿小镇”的管理服务心得。

柔。吴静是广东乡村建设最早的女性创业者，提倡建设广东野奢乡村小型酒店（精品民宿早期的雏形）的跨界乡村建设者。带领乡村在地员工硬是把一个交通不便、人迹罕至的小乡村打造为广东第一代网红民宿。今年又在广东开创性打造属于广东人自己的民宿学院，致力于为广东省民宿行业提供具有广东特色的、适合本土的、落地性强的专业民宿培训服务。

一虚一实、一壮一瘦、一规划专家民宿学者一企业家兼社团领袖、一行业视角一企业根基，加上具有女性独有的柔和气质的思考及多年民宿运营实操经验，他们三位的这部大作当是近年来民宿教材建设的扛鼎力作。

2021 年，是民宿发展第二个十年的开始。疫情的赋能、政策的红利、乡村振兴战略的实施等都预示着民宿发展的又一个春天来了。

毫无疑问，这本虚实结合的《旅游民宿运营实操手册》，是民宿春天里最为艳丽的一朵木棉花。

张晓军

2021 年 4 月 1 日于北京

（张晓军先生为中国旅游协会民宿客栈与精品酒店分会会长、唐人文旅智库首席专家、唐乡新乡居生活社区创始人、第一届全国民宿人力资源建设座谈会发起人、中国民宿行业领军人物）

序二

民宿经营管理教科书，行业管理和标准设计参考书

“民”在古代指奴隶，泛指庶民百姓。《穀梁传·成公元年》：“古者，有四民，有士民，有商民，有农民，有工民。”现代汉语解释指以劳动群众为主体的社会基本成员。“宿”，《说文解字》：“止也。凡止曰宿。夜止，其一耑也。”《毛传》：“一宿曰宿，再宿曰信。”即《左传》之“凡师一宿曰舍，再宿曰信，过信曰次也”。如《史记》云“宿将、宿学”是也。先期亦曰宿，周礼世妇掌女宫之宿戒，祭统宫宰宿夫人，礼经宿尸皆谓先期戒饬。郑云：“宿读为肃。”至此，我们可以判断民宿在中国已经有悠久的历史。在古代，城镇里的住宿叫作“客栈”。但走到乡野的地方没有客栈时，赶路的人可能就会敲开一户人家，询问是否有空房可以收留，如有的话，就多少付一些钱。这就是中国古代最原始的“民宿”。

民宿成为人类社会生活，特别是中国传统文化发展中重要的组成内容。但随着经济社会的发展，社会对民宿的数量需求越来越多，质量需求越来越高，民宿在快速野蛮的生长过程中，暴露出越来越多的问题。主要表现为：

一、标准不够完善。民宿的发展速度超前于政府的治理体系的发展。民宿发展的早期没有形成统一的行业标准和国家标准，致使政府缺乏合理引导，民宿分布零散。前期主要表现为村民利用自己的空房自发经营，有经济实力的人看中一个地方投资办民宿，或村与企业合作投资经营民宿等三种形式。这种没有标准的民宿，多数不符合区域科学布局和合理适度发展的要求。行业的快速发展，倒逼着政府部门出台民宿发展规划，对民宿以及民宿相关旅游配套产品、设施等进行统筹谋划。

二、治理尚须提升。民宿不仅是旅游产品，更是一个经济产品和服务产品。从社会治理体系结构分析，需要涉及公安、消防、旅游、环保、市场监督、卫

健等多个行政部门。而目前，还有相当一部分民宿处于无监管部门、无经营许可证、无法开具发票的“三无”状态。有部分民宿处于“无监管”状态，没有与治安、消防系统联网；有的民宿为招揽生意，住宿登记不要身份证，离店不开发票；有的民宿装饰材料不符合耐火要求，消防设施配备不足，从业人员缺乏消防技能训练，存在很大的消防、治安等不安全、不稳定隐患；有的民宿建在山边、溪边，离地质灾害点近；有的民宿卫生设施差，没有规范的消毒和疾病防范措施。这些问题，需要行业监管部门快速形成一套行之有效的协调机制，制定民宿发展的优惠政策，推动民宿资源的有机整合和项目开发的快速推进。

三、营销整合不足。现在很多民宿品牌知名度不高，民宿经营者宣传营销的手段比较单一，主要还是依靠回头客、发名片和口碑宣传，与当前信息资源大量涌现的互联网时代不合拍。民宿行业急需要行业协会或社会组织搭建专门的营销平台，通过网络宣传推介，构建整体宣传营销方式。民宿需要形成专业的组织和协会，加大民宿行业的整体宣传效果，克服民宿中出现的“节假日人满为患，平时关门打烊”的极端现象。

四、经营缺乏创新。民宿普遍存在着市场定位模糊的问题，没有对消费人群进行市场细分。民宿的配套设施不足，道路及路标、环境卫生、停车场地、用水用电、通信网络等公共设施建设滞后。多数民宿重模仿轻创意，主题不突出，特色不明显。无论是建筑风格、室内装潢等硬件设施方面，还是食宿服务、体验分享方面都非常相似，缺少自己独特的经营理念、游客向往的特色体验以及主人与游客之间的互动，缺乏地方特色，“同质化”现象严重。

这些问题的存在，使我们要站在一个行业的顶端，以战略规划的高度和全局观引导民宿未来发展走向；以科学的经营理念指引民宿品牌品质建设；以高质量的服务标准确定民宿的规范化管理；通过创新策划、引进人才、安全管理、营销推广等方式全面提升民宿的高质量发展。

徐灵枝是我的老朋友，据他介绍，本书三位作者不仅直接经营和管理民宿，还对民宿理论研究有一定的造诣。他委托我为《旅游民宿运营实操手册》写序，我看了书名和目录以后，写了以上我的感受。完成好徐灵枝交给我的“作业”后，我才仔细看了书中的内容，看完全书我是惶恐中夹杂着兴奋。惶恐的是我所看到的问题书中都有陈述，而且比我写得还要深刻；兴奋的是我所思考的问题，本书已经给出了解决答案。同时我也看到了三位作者作为企业家的担当，看到了民宿发展的美好未来。这本书完全可以作为一本投身民宿业的入门书，可以作为一本民宿经营与管理的教科书，同时可以作为一本行业主管部门制定管理行业标准和国家标准的参考书。

戴有山

2021 年 4 月 27 日于北京

（戴有山教授为中央文化和旅游管理干部学院副研究员）

目录

第一章
民宿概述

⊙徐灵枝

第一节 民宿的历史

民宿的起源有很多说法。一种说法称源自日本的“民宿”（音Minshuku），是指一般常见的饭店和旅社，以及提供旅客住宿的地方。也有的说来自法国，在中国台湾和日本蓬勃发展。

探究“民宿”一词，更多的是来自英国。20世纪60年代初期，英国西南部与中部人口较稀疏地区，农家为了增加收入，开始出现民宿。当时的民宿数量并不多，采用B&B（Bed and Breakfast）的经营方式，属于家庭式的招待，这就是英国最早的民宿。后期中国台湾和日本民宿异军突起，发展势头迅猛，例如民宅、休闲中心、农庄、农舍、牧场等，都可以归纳成民宿类。

民宿的产生是必然的，并不偶发于英国、日本或中国台湾，世界各地都可看到类似性质的服务。现代旅游业的迅速发展，使民宿衍生为一种新型的旅游体验居住模式，但“民宿”这个名字，在世界各国会因环境与文化生活不同而略有差异。

欧洲大陆多是农庄式民宿（Accommodation in the Farm）经营，在一般民宿中能够享受农庄式田园环境，体验农庄生活；加拿大则是假日农庄（Vacation Farm）的模式，节假日到一般民宿可以享受农庄生活环境；美国常见居家式民宿（Homestay）或青年旅舍（Hostel），不刻意布置的居家住宿，价格相对饭店便宜；英国惯称B&B（Bed and Breakfast），即提供睡觉的地方和简单早餐，索费大多每人每晚二三十英镑，视星级而定，价格会比一般旅馆便宜很多。

其实，民宿在中国自古有之，最有代表性的就是“客栈”。客栈是我国古代酒店的称号，即为出外远行的人们提供住宿的酒家，相当于近现代设备较简陋的小型旅馆，在职能上会兼供客商堆货并代办转运。现在，客栈和民宿并称民宿客栈，成为旅游行业的新兴“酒店”，往往指一种较为文艺，拥有当地特色和仿古特色的精品酒店。由于我国历史朝代众多，历史文化差异明显，文化背景、机构建置、生活习惯也都存在差异，所以每个朝代的人们对客栈的认识与理解也不同，古代客栈在各个时期的称谓也不相同。例如，我国古代文献中旅馆的别称有逆旅、传舍、客舍、客栈、邮传、邮馆、候馆、路室、旅邸等。

中国近代民宿，普遍认为盛行于台湾地区。台湾民宿的创意源于英国的 B&B 式旅馆，即提供住宿和早餐的家庭旅馆。大陆民宿起步较晚，起源于乡村旅游，如人们熟知的农家乐。所以有观点认为大陆的民宿起源于四川省成都市郫都区的农家乐。

广东民宿起源于惠州。有研究表明，惠州市南昆山是广东省内民宿发展最早的地方，可谓广东民宿的起源地。20 世纪 80 年代初，南昆山旅游区兴起了农家乐特色的家庭旅馆——高山森林度假村，逐渐发展至今。

第二节　民宿的定义

一、国家对民宿的定义

2017 年以前，我国关于民宿的称谓及定义始终没有一个权威而准确的概念。在研究民宿相关问题时，出现了“民宿”“家庭旅馆”“农家乐”“民居客栈”等各种提法。民宿概念的模糊，导致民宿产业鱼龙混杂，市场认知混乱。从 2017 年开始，多部国家标准相继出台，对民宿概念进行了定义。

2017 年 2 月 27 日，住建部发布《农家乐（民宿）建筑防火导则（试行）》，将农家乐（民宿）定义为“位于镇（不包括城关镇）、乡、村庄的，利用村民自建住宅进行改造的，为消费者提供住宿、餐饮、休闲娱乐、小型零售等服务的场所”。

2017 年 6 月 30 日，国家质量监督检验检疫总局发布《国民经济行业分类》（GB/T 4754—2017），正式将民宿纳入国民经济行业分类中。此文件中“民宿服务”（代码 6130）指“城乡居民及社会机构利用闲置房屋开展的住宿活动和短期出租公寓服务”。

2018 年 3 月 28 日，中国饭店协会发布团体标准《中国民宿客栈经营服务规范》（T/CHA 001—2018）。在此标准中，民宿客栈是指“以通过合法方式取得的自有或租赁的居所为基础，依托当地民俗与建筑，以自然景观、人文资源、生态资源为特色，提供主人化服务的、多元化体验的记得住乡愁的住宿设施”，“按照市场定位、文化特色、设施设备和服务质量的高低等因素，客栈民宿可分为标准民宿客栈与精品民宿客栈两类”。

2019 年 7 月，文化和旅游部发布旅游行业标准《旅游民宿基本要求与评价》（LB/T 065—2019）。其中对民宿的定义是，“旅游民宿（homestay inn），利用当地民居等相关闲置资源，经营用客房不超过 4 层、建筑面积不超过 800 ㎡，主人参与接待，为游客提供体验当地自然、文化与生产生活方式的小型住宿设施”。“根据所处地域的不同可分为城镇民宿和乡村民宿”，“旅游民宿等级分为 3 个级别，由低到高分别为三星级、四星级和五星级”。新的定义对民宿的规模进行了界定。

2020 年 9 月 29 日，国家市场监督管理总局发布国家标准《乡村民宿服务质量规范》（GB/T 39000—2020），提出乡村民宿（rural homestay inn）的定义为“位于乡村内，利用村（居）民自有住宅、村集体房舍或其他设施，民宿主人参与接待，方便客群体验当地优美环境、特色文化与生产生活方式的小型住宿场所”。

2021 年 2 月 25 日，国家文化和旅游部发布了旅游行业标准《旅游民宿基本要求与评价》第 1 号修改单，将旅游民宿等级调整为丙级、乙级、甲级。

二、广东对民宿的定义

在广东有三个文件对民宿的定义起到关键作用。

2019年5月5日，广东省人民政府发布《广东省民宿管理暂行办法》，是全国首个省级层面出台的民宿管理办法。该文件对民宿的定义是“城镇和乡村居民利用自己拥有所有权或者使用权的住宅或者其他条件开办的，民宿主人参与接待，为旅游者提供体验当地自然景观、特色文化与生产生活方式的小型住宿设施”。

2020年6月24日，广东省市场监督管理局发布《乡村振兴 民宿服务规范》（DB44/T 2248—2020），这是广东省关于民宿的第一个省级地方标准。此标准将民宿定义为“利用乡村民居等相关闲置资源，依托农林牧渔业等农业生产活动或当地旅游资源，结合乡村风貌提升和乡村振兴，为休闲度假者提供住宿等服务的处所”。

2021年3月22日，广东省旅游协会发布了《旅游服务质量评价规范 第2部分：民宿》（T/GDTAS 1.2—2021），这是广东省第一个省级民宿团体标准。此标准对民宿定义为“利用自有或有使用权的住宅、集体用房或其他设施开办的，结合当地人文、自然景观，民宿主人参与接待，为旅游者体验当地自然景观、特色文化与生产生活方式等提供住宿、餐饮等服务的小型住宿设施”，“包括但不限于客栈、庄园、宅院、山庄、家庭旅馆、青年旅社、乡村旅社、围屋、碉楼等”。

三、本书对民宿的定义

本书对民宿的定义采用广东民宿发展研究院执行院长徐灵枝先生的方法，从运用层面出发，将民宿分为“广义的民宿”和“狭义的民宿”。

广义的民宿：非标住宿产品，未领取旅馆业特种行业许可证的，实际开展住宿业务的主体产品。包括木屋、农家乐、家庭旅馆、集装箱、组合建筑旅业等。除一般常见的饭店及旅社之外，也包括其他具有独特吸引力的小型旅游住宿接待设施。强调的是主题的特色性。

狭义的民宿：民房自营、托管运营、出租运营的非标住宿产品，利用自有住宅的空闲房间，结合当地文化，以家庭副业方式经营，提供住宿、餐饮等服务的场所。强调产权的自由性和经营的副业性。

第三节 民宿的标准

以广东省为例，目前适用的民宿标准有国家标准、行业标准、地方标准、团体标准四类。

一、国家标准

国家标准是指中华人民共和国国家标准，简称“国标”，是包括语编码系统的国家标准码，由国家标准化管理委员会发布。强制性国家标准的代号为“GB”，推荐性国家标准的代号为“GB/T”。

1.《国民经济行业分类》（GB/T 4754—2017）

2017 年 6 月 30 日，由国家质量监督检验检疫总局发布，此标准正式将民宿服务（代码 6130）纳入国民经济行业分类中，成为 1380 个行业中的一员。在此之后各地民宿管理法规中都会要求民宿经营者在办理工商营业执照时列明“民宿服务”的经营范围。

2.《乡村民宿服务质量规范》（GB/T 39000—2020）

这是第一部国家级民宿服务标准，该标准对全国乡村民宿建设成果进行总结提炼，填补了我国乡村民宿服务和管理标准的空白。该标准规定了乡村民宿的术语和定义、基本要求、设施设备、安全管理、环境卫生、服务要求、持续改进。标准适用于全国范围内乡村民宿的服务与管理。

表 1-3-1 《国民经济行业分类》（GB/T 4754—2017）中住宿业分类

代码				类别名称	说明
门类	大类	中类	小类		
H				住宿和餐饮业	本门类包括 61 和 62 大类
	61			住宿业	指为旅行者提供短期留宿场所的活动，有些单位只提供住宿，也有些单位提供住宿、饮食、商务、娱乐一体的服务，本类不包括主要按月或按年长期出租房屋住所的活动
		611	6110	旅游饭店	指按照国家有关规定评定的旅游饭店和具有同等质量、水平的饭店活动
		612		一般旅馆	指不具备评定旅游饭店和同等水平饭店的一般旅馆的活动
			6121	经济型连锁酒店	指以客房为唯一或核心产品，以连锁为经营模式，统一装修风格，统一服务标准，面向大众、价格经济、满足消费者在外出住宿时对安全、卫生、便捷等方面基本要求的并具有国际接待水准的有限服务型住宿企业
			6129	其他一般旅馆	
		613	6130	民宿服务	指城乡居民及社会机构利用闲置房屋开展的住宿活动和短期出租公寓服务
		614	6140	露营地服务	指在游览景区或其他地区，为自驾游、自行车游客及其他游客外出旅行提供使用自备露营设施（如帐篷、房车）或租借小木屋、移动别墅、房车等住宿和生活场所
		619	6190	其他住宿业	指上述未列明的住宿服务

二、行业标准

行业标准是对没有国家标准而又需要在全国某个行业范围内统一的技术要求所制定的标准。行业标准由行业标准归口部门统一管理。

1.《旅游民宿基本要求与评价》(LB/T 065—2019)

旅游行业标准《旅游民宿基本要求与评价》（LB/T 065—2017）于 2017 年 8 月正式发布，在实行两年后更新版本。

2019 年 7 月，文化和旅游部发布行业标准《旅游民宿基本要求与评价》

（LB/T 065—2019）。该标准由文化和旅游部提出，由全国旅游标准化技术委员会（SAC/TC210）归口，代替《旅游民宿基本要求与评价》（LB/T 065—2017）。该标准包括了范围、规范性引用文件、术语和定义、等级和标志、基本要求、等级划分条件 6 个方面，自发布之日起实施。

2.《共享住宿服务规范》

2018 年 11 月，由国家信息中心分享经济研究中心牵头组织，共享住宿领域行业自律标准《共享住宿服务规范》出台，针对入住核实登记、房源信息审核、卫生服务标准、用户信息保护体系等提出了规范要求。

该规范的主体内容包括共享住宿平台（企业）服务与管理要求、房东要求与规范、对房客的要求等三部分。其中，共享住宿平台（企业）服务与管理要求涵盖了登记房源、房客住宿、交易完成后的评价等服务全流程；房东要求与规范包括上线房源要求、设施要求等 8 个方面。

三、地方标准

地方标准是由地方（省、自治区、直辖市）标准化主管机构或专业主管部门批准、发布，在某一地区范围内施行的标准。广东省民宿地方标准发展较早，但是覆盖面不足，布局不均，省级地标出台时间较晚。

1. 深圳市《民宿服务规范》（DB4403/T 21—2019）

2019 年 7 月 5 日，深圳市地方标准《民宿服务规范》经深圳市市场监督管理局批准正式发布，2019 年 8 月 1 日开始实施。该规范作为民宿行业治理和市场秩序规范、民宿服务质量提高、提高游客满意度等工作的技术依据，推动开展民宿服务（住宿）等级认证，实现标准化和个性化服务的有机统一，打造具有深圳大鹏特色的民宿服务特色品牌。

2. 广州市《旅游民宿等级划分与评定》（DB4401/T 21—2019）

2019 年 7 月 22 日，广州市市场监督管理局发布了广州市第一个地方标准《旅游民宿等级划分与评定》（DB4401/T 21—2019）。该标准包含了范围、规范性引用文件、术语和定义、基本要求、等级划分等。2020 年 9 月 27 日，广州公布首批 10 家精品民宿名单，其中红棉三星精品民宿 2 家，红棉二星精品民宿 8 家，分别位于增城、从化、花都三个区。

3. 广东省《乡村振兴 民宿服务规范》（DB44/T 2248—2020）

2020 年 6 月 24 日，广东省市场监督管理局发布了广东民宿行业第一个省级地方标准《乡村振兴 民宿服务规范》（DB44/T 2248—2020）。该标准包含了范围、规范性引用文件、术语和定义、基本要求、环境卫生、安全管理、服务质量、南粤乡村文化主题特色、社会责任等 9 个部分的内容。

广东省民宿服务业的地方标准还有：珠海市《海岛民宿服务规范》、韶关市《星级乡村旅游民宿服务质量等级划分评定标准》、韶关市《仁化县“丹霞仁家”特色民宿划分与评定标准》、河源市《源城区星级旅游民宿服务质量等级划分与评定标准（试行）》等。

参与民宿的开发与经营必须了解更多的地方政策和标准，为经营管理提供法规保障。

四、团体标准

团体标准是指由社会团体按照团体确立的标准制定程序自主制定发布，由社会自愿采用的标准。团体标准属于市场自主制定标准（市场自主制定标准还包括企业标准），侧重于提高竞争力。目前适用于广东的民宿团体标准有：中国饭店协会《民宿客栈经营服务规范》（T/CHA 001—2018）、广东省旅游协会《旅游服务质量评价规范 第 2 部分：民宿》（T/GDTAS 1.2—2021）和珠海斗门《乡村民宿质量等级划分与评定标准》（T/DMLY 02—2018）。

第四节　民宿的类型

按照《旅游民宿基本要求与评价》（LB/T 065—2019），根据所处地域的不同可分为城镇民宿和乡村民宿两类。

一、城镇民宿

多位于城乡接合部，或由小村落发展而来，或是历史遗留的风貌建筑（仍以风貌建筑为特色），或是近现代建筑（别墅、城中村等，以现代风格的建筑为特色）。

二、乡村民宿

以乡村文化为内涵，多依托景区或者地域特色资源而发展，乡土气息浓厚。

还有人认为存在城市民宿，本书认为位于城市内居民小区、公寓大楼内的短租房、短期出租公寓服务（“城市民宿”）应纳入网约房的管理范畴。部分有特色的网约房，民宿主全职参与管理的，可参照本书学习。

第二章
民宿管家（店长）工作

⊙李超

第一节　管家（店长）的工作内容

一、管家（店长）的职责

（1）全面协调民宿运营和管理，用匠心营造一个有情怀、有温度的“家”的氛围；

（2）负责民宿人员的招聘、排班、培训、监督及考核；

（3）负责民宿物品的采购、管理、发放、统计等；

（4）负责备用金、营业额、账表、发票等的管理；

（5）负责民宿营业数据的统计、分析及成本控制，让利润最大化；

（6）督导各岗位按照民宿的服务标准接待和服务好每一位客人，不断提高民宿服务质量，增加客人满意度及入住回头率；

（7）定时巡查民宿各区域，及时整改质量检查中存在的问题；

（8）关注客人 OTA 或者公众号的点评，发现差评及时与客人联系沟通解答；

（9）收集民宿所在地的人文、历史、故事、奇闻、异事、旅游、美食、特产、酒吧、租车、交通等信息并整理成资料，将其用于民宿的日常运营中，并对可用资源进行整合串联，丰富民宿的产品线及提升客人入住体验；

（10）负责民宿安全工作（客人人身、财产安全，民宿安全，消防安全，治安）；

（11）接待客人，多与客人喝茶、聊天、游玩等，取得客人认可及成为朋友；

（12）定期维护民宿外围关系。

二、人员管理

（1）根据民宿情况对民宿人员进行排班、轮休（参见表 2-3-1 民宿排班表），做出考勤记录，统计人员出勤情况，便于核算工资；

（2）对民宿人员进行技能及服务培训；

（3）对民宿人员进行监督与奖惩。

三、物品管理

1. 仓储物品存放管理

（1）使库存物品存储环境保持干燥，不可直接摆放在地上，最好用货架存放；

（2）分区、分类、集中摆放并标示清楚，以便于管理和取用。

2. 民宿租借物品管理

可租、可借物品在前台或客房要有提示牌，客人填写租借物品单后方可租借，如需收取费用或押金的产品须按照各店收费管理规定收费并填写《物品租借登记表》。

3. 民宿库存的盘点及数据统计

（1）每日、月对客用品进行统计盘点并填写登记《每月客用品统计单》；

（2）每月对布草进行盘点统计并填写《布草盘点表》；

（3）统计好各数据以便于每月营收状况的分析。

四、民宿财务的监管

（1）每日跟进和管控前台收银的作业规范，保证每日单据、票据、现金、支付宝、微信、平台支付、PMS 数据账目一致；

（2）所有支出必须要有齐全的单据、票据及明细账；

（3）每日必须清楚地填写民宿《每日收支报表》；

（4）每月各岗人员的工时统计，工资核算，工资发放。

五、民宿的产品及活动设计

设计一些高性价比的产品，包括特色床品、特色服务内容及创意旅游产品等。把周边资源整合、串联，设计民宿特有的活动体验内容。

（1）农牧体验：美丽乡村手作、野炊体验、农事采摘、骑马等；

（2）运动体验：海钓、皮划艇、游艇、帆船、桨板、潜水、摩托艇、冲浪等；

（3）工艺、艺术体验：捏陶、植物染、蛋糕烘焙、咖啡、花艺、冰激凌等；

（4）民俗体验：非遗参观体验、传统食品制造、赛龙舟等；

（5）自然体验：观星星，看月亮，野草、昆虫、贝壳的采集、标本制作等。

第二节　管家（店长）的每日工作

表 2-2-1 管家（店长）每日工作表

时间段	工作事项	工作重点	备注
班前检查	准备工作	确认人员到岗情况，关注人员精神面貌	穿着应符合民宿氛围，精神饱满
	设备运转正常	查看各水电及消防等设备是否运转正常，有无异常情况	
	前台营业前的准备	检查电脑 PMS 房态系统有没有打开，系统天气是否更新，备用金、收银设备、工具是否准备妥当，前台物品、小商品是否充足并摆放整齐	
	早餐准备情况	查看客用早餐质量、数量是否合格并按时准备妥当	重点：餐厅卫生、餐品
早间协助	厨房	协助厨房安排客人用餐	早间为客人退房、早餐、出行高峰期，也是客人需求最高的时段，所有人员见到客人必须主动问安，并及时发现客人需求，服务于客人开口之前
	前台	协助前台办理退房，收集反馈意见，为客人规划行程，代客人订票租车，为客人送行	
	客房服务员	整理民宿绿植花草，浇水、修剪……	

续前表

时间段	工作事项	工作重点	备注
管理工作	信息处理	查看前一天前台交接的重要事务，查看房态，对当天住离情况做到心中有数	
		查看前一天的客人网上点评，如有差评第一时间联系妥善处理	联系前先了解客人入住期间的细节
		查看当天的特殊人群，如有特殊需求的提前安排	
	前台	监督前台按照工作标准工作，要求前台按照规定提前发信息、打电话、接待、服务每一位客人，发现不足马上介入。 重点：1. 前台一定要提前确认客人抵达信息；2. 特殊客人或客人的特殊要求一定要提前准备妥当；3. 民宿信息和周边信息必须保证熟练讲解并能够在地图上准确标出；4. 接待、服务客人时一定要热情	
	客房服务员	按照标准在客人抵达前打扫好房间，客人抵达时能够提前打开客房空调等设备	
巡查	前台	巡查民宿前台卫生，灯光、背景音乐、服务状态、物品摆放是否合理，相关表格是否填写完整	发现问题及时指出整改并填写《巡查问题跟踪表》
	客房	巡查客房卫生死角、空气质量、物品摆放、绿植保养、网络、布草交接、布草送洗（清洁工具不能摆放在走道或公区）	
	公共区域	巡查区域卫生、设施设备、绿植保养、物品摆放、网络	
外围关系维护	政府关系维护	定期联系政府、社区及协会等单位，及时了解最新动态，适时调整	
	周边资源及合作商	收集民宿所在地人文、历史、故事、奇闻、异事、旅游、美食、特产、酒吧、租车、交通等信息并整理成文字，对可用资源进行整合串联，丰富民宿产品，提升客人入住体验	定期维护合作商的关系，保证能够接触到客人的环节的服务统一
客人接待	前台	协助客人办理入住手续并告知服务内容，与客人沟通，推荐民宿活动内容或游玩景点	
	休闲活动区	与客人品茶聊天，与客人一起做活动	

续前表

时间段	工作事项	工作重点	备注
财务	日记账	每日填写好营收、支出统计表，存档保存以备利润分析	每日关门前需等客人全部归店或在门口留晚归电话
	现金表单	接收前台移交的账目、表单、现金进行封存或转账	

第三节　管家（店长）常用表格样板

表 2-3-1 民宿排班表

星期	日	一	二	三	四	五	六	日	一	二	三	四	五	六	日	一
日期 姓名	1	2	3	4	5	6	7	8	9	10	11	12	13	14	15	16
举例:	晚	休	晚	晚	晚	晚	晚	中	休	中	中	中	中	中	中	早
××																
××																
星期	二	三	四	五	六	日	一	二	三	四	五	六	日	一	二	三
日期 姓名	17	18	19	20	21	22	23	24	25	26	27	28	29	30	31	
举例:	晚	休	晚	晚	晚	晚	晚	中	休	中	中	中	中	中	中	
××																
××																
备注	早班：7:00—15:00　中班：14:00—22:00　晚班：22:00—次日 7:00															
	出勤 √　缺勤 ※　休息△　请假＊　旷工 ×　迟到○　早退●															
	班次及时间未经批准不得私自调整，发现按奖惩制度执行															
说明：各民宿可以根据自身经营业务来确认是分两班制还是三班制，安排各岗位员工的上班时间																

表 2-3-2 物品租借登记表

×××民宿前台物品租借登记表 ________月						
日期	客房	物品	数量	押金	租借人签名	归还日期

表 2-3-3 每月客用品统计表

客房服务员工作单								日期：							客房服务员：							
房号	初始房态	更改房态	毛巾	手巾	地巾	浴巾	床单		被套		枕套	香皂	牙刷	梳子	卷纸	矿泉水	拖鞋	沐浴露	洗发水	护发素	备　注
							大	小	大	小											
合计																					
住房（OC）				空房（V/C）									维修房（000）								
由前台保管当月和上月的表格，存放于文件夹“每日客房工作单”内																					
工作单的保管期限，符合公司财务部的要求																					

表 2-3-4 客房布草盘点表

客房布草盘点表

酒店：

盘点人：　　监盘人：　　审核人：

日期：　　年　　月　　日

品名		账面数				实际盘点数明细														
		上月账面实数	本月购领	本月报废	本月账面总数	盘点数			库房数	客房件数	欠库房	借用	洗衣房洗涤数	洗衣房回洗数	洗衣房欠数	洗衣房赔偿数	其他	合计	盘点差异
						客房1	客房2	客房3												
被芯（夏）	1.8m																			
	1.5m																			
	1.2m																			
被芯（冬）	2m																			
	1.8m																			
	1.5m																			
	1.2m																			
床单	2m																			
	1.8m																			
	1.5m																			
	1.2m																			
床护垫	2m																			
	1.8m																			
	1.5m																			
	1.2m																			
被套	2m																			
	1.8m																			
	1.5m																			
	1.2m																			
枕套																				
枕芯																				
面巾																				
浴巾																				
地巾																				

表 2-3-5 巡店检查表

巡店检查表					
客房检查		设备检查		装饰装修检查	
墙面		消防报警主机		地毯	
给排水		消防水泵房		墙面	
电气设备		安全门 / 通道		天花	
网络		应急照明			
家具设备		逃生指示标志			
门窗		变配电设备			
		照明设备			
		厨房设备			
		监控设备			
		热泵设备			
		电梯设备			
请详细描述出检查中所见的问题：					
要如何解决以上问题：					
店名：		日期：		检查人签名：	

表 2-3-6 客户意见卡

客户意见卡

客人姓名：______________________________

邮件地址：______________________________

房 间 号：______________________________

住宿日期：______________________________

房间感受如何？
□极佳　□好　□一般　□差

入住时是否您预订的时间？
□是　□否

酒店印象
□极佳　□好　□一般　□差

到达时的礼貌
□极佳　□好　□一般　□差

预订的准确性
□极佳　□好　□一般　□差

办入住时
□极佳　□好　□一般　□差

房型
□极佳　□好　□一般　□差

清洁
□极佳　□好　□一般　□差

舒适及软装布置
□极佳　□好　□一般　□差

客房设施设备维护
□极佳　□好　□一般　□差

食物 & 饮料
□极佳　□好　□一般　□差

服务的品质
□极佳　□好　□一般　□差

员工亲切友善
□极佳　□好　□一般　□差

我们是您所期望的吗？
□失望　□是　□超越

依据此次住房经验，您会介绍他人或愿意再光顾本客栈吗？
□不会　□可能　□肯定会

其他的建议：

第三章
民宿的客户服务

⊙吴静

民宿的待客理念与酒店不一样，酒店一直推崇的是“顾客就是上帝”，而民宿则是“您是来家做客的朋友”。客人能在民宿中感觉到家的温情，人与人之间是有温度的联系，所以在服务方面尽量做到热情待客，将特色展现给客人，将主人特有的文化贯穿于整个接待，充分展示主理人文化，让客人能体验到当地风情、感受民宿主人的热情与服务、体验有别于以往的生活。

第一节　民宿的预订

民宿的预订是指客人在抵店入住前对客房的预约。预订途径有多种，包括电话预订、客服微信预订、OTA 预订、公众号微店系统预订等。为方便管理房态及统计入住、收入等信息，民宿都会采用专业的订房管理系统来操作。

一、订房系统

酒店或民宿都会使用专业订房系统 Property Management System（PMS 系统）来管理入住，目前市场上酒店的 PMS 分为三大类：国外的 PMS 系统，主要有 Opera 品牌，一般是五星级的国际酒店采用；国内的传统酒店的 PMS 系统，有西软、绿云、罗盘、千里马等品牌，主要是城市星级酒店、中端连锁酒店、度假村项目使用；市场上主流的互联网 PMS 产品，包括订单来了、云掌柜、别样红、住哲等品牌，别样红和住哲主要服务于城市经济连锁和城市单体经济酒店，云掌柜主要是乡村客栈及城市客栈采用，而订单来了主打乡村度假连锁、城市精品酒店及城市连锁公寓市场。

各系统都有各自的强项，主要功能对比如下：

表 3-1-1 各系统功能对比

产品特点	订单来了	云掌柜	住哲	别样红	绿云	西软	opera
多业态	√	×	×	×	√	√	√
OTA 直连	√	√	√	×	√	√	√
会员体系	√	×	×	√	√	√	√
统计报表	√	×	√	√	√	√	√
营销工具	√	√	×	×	×	×	×
多终端	√	√	×	×	√	×	×
集团系统	√	×	×	×	√	√	√
客控接口	√	×	√	×	√	√	√
渠道分销	√	×	×	×	×	×	×
进销存	√	×	×	×	×	√	√
云 pos	√	×	×	√	√	√	√
微官网	√	√	√	√	√	√	×

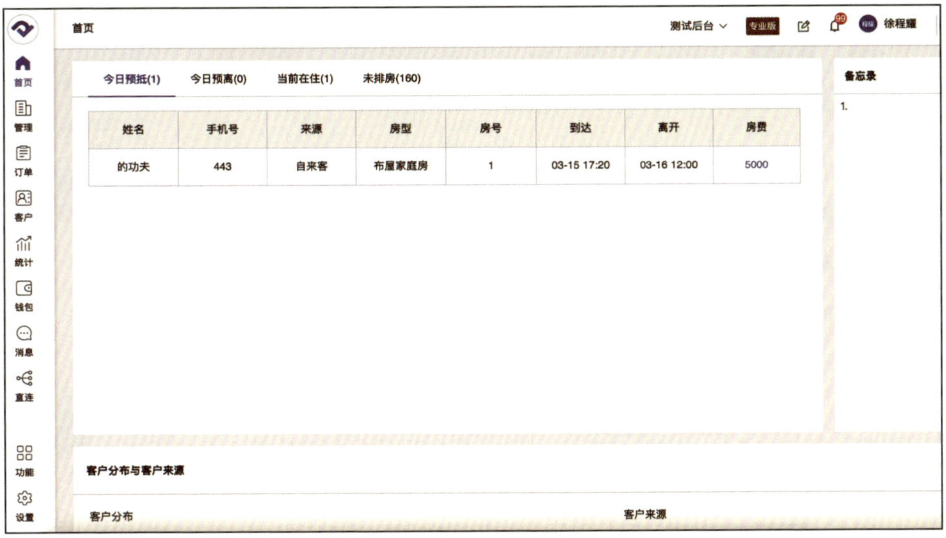

订单来了单店版电脑端界面

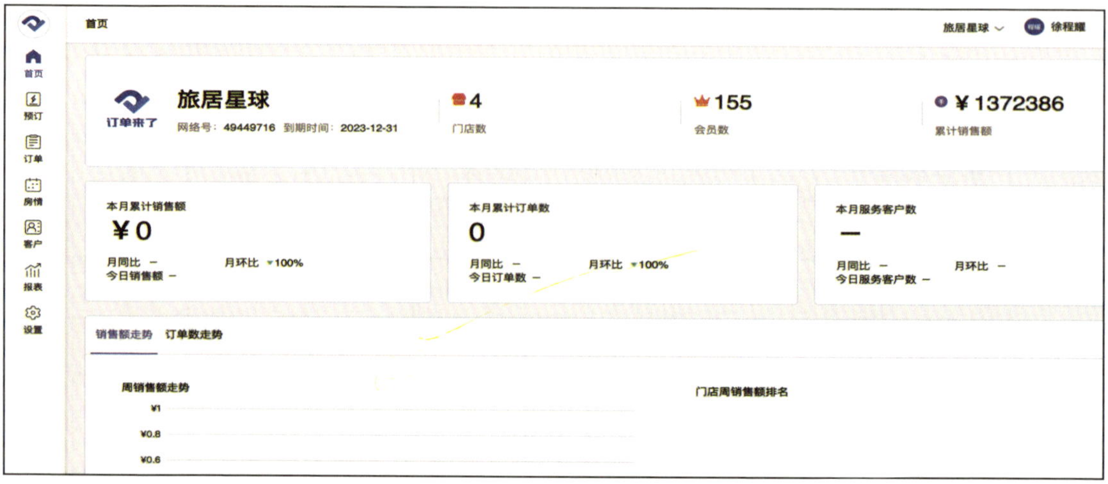

订单来了集团版电脑端界面

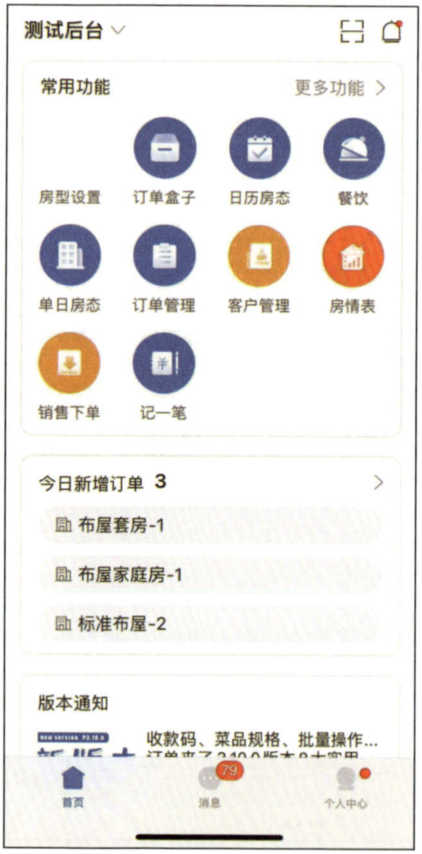

订单来了单店版手机端界面

云掌柜手机端界面

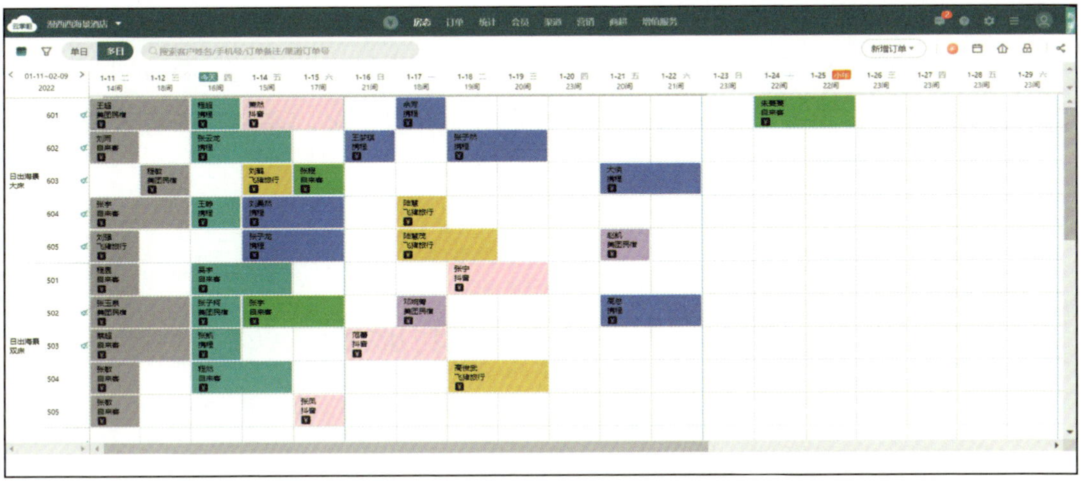

云掌柜电脑端界面

二、预订服务

接收预订信息时一定要充分了解客户的需求并在订房系统内记录，锁房，确认房态、订金或房费的收取等。

电话、微信、线下合作渠道的预订：确认有房的情况下，记录清楚客人的名字、要求的房型及数量、入住及离店时间、入住要求等信息。在PMS系统及各OTA平台后台锁房，并录入客人的特殊服务要求，记录收款情况。确认后编辑确认信息发送到客人手机短信或微信上。

OTA预订：看到订单后确认房态是否正常，在PMS系统及其他OTA平台后台锁房（如果PMS系统与OTA渠道直连，则不需要再另外锁房），尽量在OTA后台找到客人的联系电话，发确认信息给客人。有些平台是不允许直接与客人联系的，如果房态有什么变动，则直接与平台的客服沟通。

订房确认信息模板如下：

亲爱的×先生（女士），感谢选择×××民宿度假。您预订了×月×日双人房（大床房）×间，我们已经预留了×××房（房名或者房号）给您，已收取您×××元房费。如有任何问题，请随时与我们联系，联系电话：×××××××××；微信号：×××××××××。谢谢，祝您生活愉快。

以上确认信息也可用现在流行的轻快、俏皮的话语来写。要特别注意及时锁房，不能疏漏任何订单，如遇到卖重房情况，要及时与客人或者平台沟通解决。

第二节　入住前的服务

一、到店前的服务

在客人预订了房间后，方便的话尽量加客人微信，询问乘坐的交通工具、出行的目的、随行是否有老人或孩童以及饮食禁忌等，以便提前做好准备。同时也给客人提供到达行车路线、到店指引、注意事项以及民宿内的活动安排、周边游玩路线的建议等，让客人提早做规划。

在客人入住前一天发微信提醒客人，并提前与客人沟通入住程序，让客人清晰明了。提醒微信模板如下：

> 亲明日就要入住 ××× 了，明日天气晴朗，温度在 ××—××℃之间。山里早晚温差大，亲记得要多带件外套，小心着凉。春天是赏红踏青的好时节，预祝您在 ××× 度过一段浪漫而又生机盎然的时光，游山玩水，放松身心，享受这慢生活。（可以根据不同季节、不同天气修改以上措辞。）

二、迎宾服务

客人抵店时的迎宾服务是影响客人感官、留下好印象的第一步，影响很大，民宿须提供热情礼貌、主动周到的服务。客人抵达后须引导客人停车，协助客人提取行李，引导客人到前台办理入住手续。

三、入住接待

要热情友好地问候客人，主动确认客人的姓名并称呼客人；送上问候茶水站立接待，双手接递身份证；办理手续时要与客人确认房型与房费，收取押金要给收据；要将客人入住信息及时录入公安部门要求的租赁管理系统内；为客人准备好房间钥匙，双手递交。礼貌话术：

> 您好,已经办理好入住手续了,这是您的房间钥匙。明天早餐是×点到×点,在×××用餐……

接待完毕后，要将客人信息及时在PMS系统更新，并检查信息的准确性，将入住资料归档。在办理客人入住手续时，还需要按照省公安厅要求将住客信息录入“民宿治安管理登记系统”。

广东“粤商通”APP内的“民宿服务专区”界面

第三节　入住服务

一、引领客人进房

办理入住手续后，帮客人提行李，引领客人前往客房区域。注意不要直接在客人前面，尽量是在客人左或右前方 1 米左右的距离，沿途要热情地向客人介绍民宿情况及回答客人的问题。民宿管家尽可能亲自接待第一次入住的客人，帮助客人了解民宿的功能区域分布、入住安全指南、民宿能提供的服务及活动、当地的风土人情等，让客人快速熟悉环境。

进入房间后，要先简洁介绍一下房间设施及注意事项，然后祝客人入住愉快，再面向客人退出房间关上房门。

二、入住后的温馨服务

客人入住后，管家可以根据自身民宿情况及客户群体的年龄层与特点，考虑是否将当日入住客人拉入一个微信群，特别是有民宿活动的时候，这样方便集体通知，而且也方便客人间熟悉甚至交上朋友。但缺点就是部分入住客人不喜被打扰，会觉得群太吵，无关的骚扰太多。所以各民宿管家根据情况来确认是否有必要拉这个群。

客人入住后，微信发温馨欢迎词。模板如下：

欢迎您入住 ×××

××× 提供免费 Wi-Fi，账号：××××；密码：××××。

××× 提供养生早餐、美味的午餐、晚餐以及下午茶等服务。

早餐：8：30—10：00；午餐：11：30—13：30；下午茶：14：30—16：30；晚餐：18：00—20：00。

××× 还免费提供 ××、×× 等各项娱乐设施，有需要可与客服管家联系。

亲有任何疑问或需求请随时致电 ×××××××× 或联系微信管家，我们会及时解答处理。

喝茶听雨看星，别样的休假光景，希望您入住愉快。

民宿如提供有下午茶或者其他活动，可发微信告知客人。模板如下：

亲，下午茶时间到了，14：00—16：00，户外茶座。管家们为您精心准备了美味的下午茶点：云南古树红茶，台湾大师挂耳咖啡，搭配各类蛋糕、凉粉……在这好山好水好空气的乡间，让一切都慢下来……

午餐、晚餐就餐时间，微信提醒客人用餐。模板如下：

亲，晚餐时间到了，请移步餐厅，品尝我们厨师 × 哥（姐）为您精心准备的地道原生态的 ×× 美食，我们还精选了青梅酒、红酒、精酿啤酒等各类酒水供亲们选择，祝您用餐愉快。

晚上休息，微信给客户道晚安。模板如下：

亲，夜色深深，月色沉沉，××× 也悄悄进入梦乡，现在是晚上 10 点，感谢您与我们一起度过这愉快美好的一天！我们也准备休息了，向您道一声晚安，祝亲好梦。如有紧急需要，请致电 ×××××××× 与我们联系。

如果条件允许，在客房内准备迎宾水果或牛奶、小茶点、欢迎卡片，会让客人感到温馨。

第四节　离店之后的服务

一、离店送客服务

客人退房离店是在民宿的最后一个步骤，必须要一如既往地热情服务，给客人延续良好的印象。

结算时要清晰解释账单的各项明细，让客人清楚明了。在客人等待办理退房手续时可以礼貌地请客人对此次入住服务做个评价，收集客人的反馈及建议，并相应送出小礼品。

客人退房前要尽量协助客人提行李，并将客人送出大门或者到停车场。

在客人离开后1小时内或当晚，给当日住店的客人送上礼貌性问候，希望他们再来。对于客人的网上评价，要及时追评。

问候微信模板：

感谢亲的到来，为 ××× 再添笑声。短短相聚，拱手道别。岁月长新，××× 会一直在这里，等亲们再度回家，带来新的故事。想 ××× 的时候，记得我的微信号 ×××××××××，我会一直在。

二、客户关系维护

民宿的每一个入住的客人都是民宿的传播者，所以在客人入住完成离店后，民宿主仍需要与客人保持联系，巩固与客人的关系，逐步让客人变成民宿忠诚的粉丝。保持联系最好的方式就是组建粉丝微信群，每天在群内分享民宿的信息，包括美景、美图、美食、活动内容等，让客人成为民宿的忠实粉丝与传播者。同时，可以按照客人入住消费金额设立对应的积分标准，设置积分奖励制度，同时建立会员体系及会员优惠政策，刺激及鼓励会员来民宿消费。

第五节 投诉处理与沟通

民宿是服务行业，遇到投诉是很经常的事情。投诉一般是分投诉民宿硬件与投诉服务两大类，以下是民宿经常遇到的投诉较多的问题与处理方法。

一、硬件投诉

1. 投诉房间漏水、发霉、有异味

原则上民宿每天都应该检查房间的状况，如发现漏水、发霉情况都要及时锁房维修，维修完毕后才能安排销售。如果因天气或其他原因不能及时维修处理，又不影响客人入住的，那就需要在客人办理入住时提前跟客人说，并带客人去看现场，客人不在意再办理入住手续，并相应送些小礼品或者提供些优惠。如遇到客人入住后下雨房间漏水的情况，应第一时间先让客人更换房间并报工程维修处理。平时房间要提供些去异味的香薰用品给客人使用，并将地漏更换为可隔离异味的款式，平日天气好要经常打开门窗通风透气。

2. 投诉客房热水、电器设备故障、有机器噪声

遇到这类投诉民宿应第一时间检查维修处理，如不能及时维修好，则应让客人更换房间。民宿在设计建造之初就应避免将有噪声的设备，如热水循环系统、污水处理设备等建造在靠近客房的区域，或者做好足够的隔音处理。如此问题已经存在而又未能及时整改的，则在客人入住时优先安排没有噪声的房间，并在有噪声的房间放置隔音耳塞，以减少噪声对客人的打扰。

3. 客人入住民宿期间突然遇到停水停电

对于民宿，应该有防患于未然的意识以及应对突发事件的应急预案。

突然停水停电，首先要联系住店客人进行安抚，同时立即检查停水停电原因。如是民宿设备故障则立即进行维修；如是供水供电部门的原因，则要与有关部门取得联系报障，随时跟进维修进度并及时告知住店客人。民宿管家应视情况组织烛光晚餐或者篝火晚会之类的活动，降低客人的不满。如果问题比较严重，客人抱怨很大，可以适当给客人房费打折或送些礼品。原则上有条件的乡村民宿应该配有发电机应对临时停电。

二、服务投诉

1. 投诉民宿工作人员态度差

管家收到客诉，首先安抚客人并了解清楚事情来龙去脉，调查清楚原因。如是误会引起的就要消除误会；如确实是民宿员工的问题，就要与客人道歉，并送上小礼物或者给予一些房价折扣给客户。事后民宿内部要进行案例分析和纠正员工工作中存在的不足与错误，建立服务标准，将内部培训做到位。

2. 投诉床上用品出现灰尘、潮湿、异味问题

预防这类投诉，民宿就要建立客房清洁及布草更换的标准，民宿管家随时进行严格监管，在客人抵达民宿前，民宿管家要对房间状况进行检查。

接到此类投诉，民宿管家要第一时间给客人道歉，并及时处理，更换床品。后续民宿管家要特别注意空房卫生，提醒员工要清理细致到位，在潮湿天气对客房要进行定期抽湿。

3. 投诉入住要出示证件原件问题

民宿必须按照公安部门规定，严格实行当地公安机关要求的证件登记标准办理客人入住手续，并上传资料到公安部门指定的系统内。有些入住客人可能忘记随身携带身份证出门，遇到此类客人要耐心并礼貌地向客人解释相关规定，并指引或者带客人到当地派出所办理临时身份证明，再回来录入资料办理入住。如客人不接受不配合，在前台各种无理取闹，也不肯前往派出所登记，那民宿管家可拒绝其入住。

4. 投诉停车位不够、质疑停车场安全问题

入住乡村民宿的自驾客人居多，民宿要预先设置好停车位置，并在客人入住前提供车辆进出指示引导。在民宿自家的停车场区域尽量安装视频监控，并购买停车场保险。客人入住时要引导客人将车停在民宿指定位置，并告知客人责任归属。

5. 入住后投诉隔壁住客半夜大声喧哗吵闹

民宿空间比较小，人多会比较容易嘈杂。客人入住前要温馨提醒注意事项。如果半夜收到客人投诉民宿内有住客吵闹，管家接到投诉信息的同时要了解清楚吵闹的具体位置，第一时间前往现场进行住客安抚和劝告工作。根据被影响客人情况，可考虑第二天在其用餐时赠送小点心或者退房时赠送小礼品以表歉意。

6. 投诉餐厅早餐品种单一、来晚了没早餐吃

民宿早餐时间是有规定的，在客人入住时要有温馨提示。在早餐结束前半小时可以微信提醒未用餐客人尽快来用餐，遇到起床晚了的客人还可以视实际情况给予一定的超时供应服务。另外民宿要定期变换早餐品种，确认每天提供的早餐种类及定量标准。

7. 投诉餐厅菜式出品差

收到投诉时，管家需要耐心倾听客人的意见，了解对于出品不满意的关键点，认真记下并反馈厨房进行纠正，同时更换新菜品给客人或者额外赠送果盘、点心或其他菜品以表歉意。

8. 入住前房间突然需要维修导致无法入住

在客人入住前突然发现房间存在问题，无法入住，管家应立即通知维修。如房间短时间内无法维修好，则应根据已有订单重新安排调配其他房间给客人，并提前微信知会客人。如果民宿已经满房，没有其他房间调配，则应立即联系客人沟通，看客人能否同意改期入住，或者同意改入住其他民宿（沟通此方案前要先确认其他民宿有房间提供，尽量找到同档次的民宿）。如果客人不同意以上方案，要退款，管家也应视情况赠送客人免费入住券或者下次入住的优惠折扣补偿。

9. 前台重复卖房

民宿由于上线的OTA平台及合作方比较多，客服有可能不及时锁房，就会出现重复卖房情况。遇到这种情况管家应该根据实际情况进行灵活处理，在客人未到店前就发现的应及时联系客人改期入住。如客人已到店，与客人沟通更换房间入住。如已满房，则向客人道歉，耐心向客人解释，安抚客人情绪，并与客人协商，尽量安排客人到附近同等价位的民宿入住。或者与客人协商退款，并给予客人一定的优惠补偿，比如赠送房券等。

第六节　会员制建立

民宿开业到了稳定期后就会慢慢积累一定的客户资源，而且其中一部分会成为民宿的常客、回头客，所以民宿主要充分利用好这些客户资源，建立民宿自己的粉丝群，推出会员优惠制度稳定客户群体。目前可以通过订单来了PMS系统的会员功能模块及有赞商城的会员模块来辅助会员制的执行。

第四章
民宿的客房管理

⊙李超

民宿的客房卫生及配置是影响客人入住体验的关键点，需要认真对待，高度重视。

第一节　客房接待管理

一、客房接待服务程序与标准

1. 迎客前的准备工作

（1）提前了解客人情况；

（2）布置房间；

（3）检查设备；

（4）迎接准备。

2. 客人到店的迎接工作

（1）门口或停车场迎宾；

（2）带房；

（3）介绍房间设施设备；

（4）退出客房；

（5）分送行李。

3. 贵宾服务

贵宾范围：对民宿的业务发展有极大帮助，或者可能给民宿带来业务者；知名度很高的政界要人、外交家、艺术家、学者、经济界人士、影视明星、社会名流；本民宿的投资人、股东、设计师；等等。

接待要求：接到贵宾接待通知书后，要选派经验丰富的服务员将房间彻底清扫，按规格配备各种物品，并在客房内摆放民宿的赠品，如鲜花、果篮、饮料、茶叶等；房间要由管家严格检查；贵宾在民宿有关人员陪同抵达门口时，主人迎接问候。

二、日常客房接待服务模式

1. 日常服务

（1）访客接待服务；

（2）借用物品服务；

（3）代办服务。

2. 送客服务

（1）客人离店前的准备工作；

（2）客人走时的送别工作；

（3）客人走时的检查工作：检查客人有无遗留物品，检查客房设备是否完好。

三、客房服务质量管理

1. 客房管理质量

（1）客房设备设施质量。包括客房家具、电器、卫生间设备、防火防盗设施、客房备用品和客房供应品的质量。这些是客房服务提供的物质基础，其舒适完好程度如何，直接影响到整个客房服务的质量。

（2）客房环境质量。主要是指客房设施设备的布局和装饰美化，客房的采光、照明、通风、温湿度的适宜程度等。良好的客房环境能使客人感到舒适惬意，产生美的享受。

（3）劳务质量。劳务质量是客房部一线服务人员对客人提供的服务本身的质量。包括服务态度、服务语言、服务礼节、服务方法、服务技能、服务效率等。

2. 客房服务质量标准

（1）服务工作标准

主要指民宿为保证客房服务质量水平对服务工作所提出的具体要求。服务工作标准不对服务效果做出明确的要求，只对服务工作本身提出具体要求。例如：客房床单应每日更换一次，公共区域地面必须每天定时推尘。

（2）服务程序标准

指将服务环节根据时间顺序进行有序排列，既要求做到服务工作的有序性，又要求保证服务内容的完整性。例如客房接待服务有四个环节，即客人到店前的准备工作、客人到店时的迎接工作、客人住店期间的服务工作、客人离店时的结束检查工作，其中每个环节又进一步细分出很多具体的步骤和要求，如果这个环节中有一个步骤出现问题，都会使客房服务质量受到很大影响。

（3）服务效率标准

指在对客服务中建立的服务的时效标准，以保证客人得到快捷、有效的服务。例如：接到客人要求服务的电话，3 分钟内必须为客人提供服务。

（4）服务设施用品标准

指民宿对客人直接使用的各种设施和用品的质量和数量做出严格的规定。如果客房中的一次性牙刷和牙膏质量低劣，客人往往就会在使用这些劣质用品时对民宿整体的质量水平产生怀疑和不满。

（5）服务状态标准

指民宿针对给客人所创造的环境状态、设施使用保养水平提出的标准。例如：客房设施应保持完好无损，所有电器可以正常使用，卫生间 24 小时供应热水，地毯无灰尘、无霉变。

（6）服务态度标准

指对服务员提供面对面的服务时所应表现出的态度和举止礼仪做出的规定。如服务员须实行站立服务，接待客人时应面带自然微笑，站立时不得前倾后靠和双手叉腰以及搔头挖耳，当着客人面不得高声喧哗、吐痰、嚼口香糖等。

（7）服务技能标准

指服务员所应具备的服务素质和应达到的服务等级水平以及语言能力，规定服务人员所应具有的服务经验和所应掌握的服务知识，规定特定岗位上的服务人员能够熟练运用的操作技能。

（8）服务语言标准

指民宿规定的待客服务中所必须使用的标准化语言。民宿在欢迎、欢送、问候、致谢、道歉等各种场合下要求员工使用标准语言。如规定服务中使用的敬语口诀：“请”字当头，“谢谢”不断，见面“您好”，离别“再见”，得罪客人“对不起”，客人谢谢“没关系”等。同时民宿也应明确规定服务忌语，如规定在任何时候不能回答客人说“不知道”。使用标准化语言可以提高服务质量，确保服务语言的准确性。

（9）服务规格标准

指民宿对各类客人提供服务所应达到的礼遇标准。例如：规定对入住若干次以上的常客提供服务时必须称呼客人姓氏，对 VIP 客人的房间要放置鲜花、果篮等。

3. 客房服务质量控制

（1）准备过程质量控制

精神准备：要求管家必须精神饱满，思想集中，着装整洁，规范上岗。必要时要事先了解客人的身份、生活习惯等，以便有针对性地提供服务。

物质准备：包括前台、客房等各方面的准备工作。保证客人一进店，就能提供满意的服务。

（2）接待服务过程的质量控制

严格执行民宿接待服务规范，加强服务质量检查，搜集质量信息，分析产生质量问题的原因，尽快研究改进。

（3）离店前质量控制

管家主动、诚恳地征求意见，对服务质量不足之处要表示歉意。对一些未尽事宜或宾客提出的要求和投诉，要尽可能给予补救和答复解决；掌握宾客离店时间，认真核对宾客账单，保证准确、及时结账，防止漏账；宾客离店时，主动告别，并表示感谢，欢迎下次光临。

（4）离店后质量控制

处理宾客遗留、遗弃物品。做好新一轮的服务接待准备工作，以迎接下一批宾客的到来。

第二节　客房卫生管理

一、客房日常清洁内容

（1）物品整理：按民宿规定和统一要求，整理和铺设客人使用过的床铺；整理客人乱放的物品、用具；整理客人乱放的酒店衣物（如睡衣、拖鞋等）。一般不整理客人放置的私人用品和衣物。

（2）打扫除尘：用扫把扫清地面；用吸尘器吸净地毯、软座椅上的灰尘；用抹布擦拭门、窗、桌柜、灯罩、电视机等各种家具设备；倒掉烟灰缸中的烟灰、纸篓里的废物垃圾。

（3）擦洗卫生间：擦洗脸台、恭桶、浴缸、水龙头等洁具；擦洗四周瓷砖及地面；擦亮镜面及各种金属挂杆。

（4）更换及补充用品：按要求更换床单、床垫、枕套、面巾、手巾、浴巾、脚垫巾等棉织品；补充文具用品、火柴、茶叶、卫生纸、肥皂、沐浴液、牙膏、牙刷等供应品。

（5）检查设备：检查水龙头、抽水马桶等的放水设备能否正常工作；检查灯具、电视机、音响设备、电话机、电吹风等电器的用电安全指数和性能是否正常；检查家具、用品等是否有损坏。

二、客房清洁的原则

（1）从上到下。抹拭家具时应从上部抹起，逐渐向下抹。

（2）从里到外。特别是最后的吸尘和检查工作，由里向外工作既能保证整洁，又可防止遗漏。

（3）先铺后抹。房间清扫应先铺床，后抹家具物品。如果先抹尘，后铺床而扬起的灰尘就会重新落在家具物品上。

（4）环形清理。家具物品的摆设是沿房间四壁环形布置的，因此在清洁房间时，亦应按顺时针或逆时针方向进行环形清扫，以求时效和避免遗漏。

（5）先房间后卫生间。卫生间清洁是带水操作，清洁后服务员的鞋下可能有水渍，后清扫可以避免在房间走动造成的重复污染。

（6）干湿分开。在抹拭家具物品时，干布和湿布要交替使用，针对不同性质的家具，使用不同的抹布。例如，房间的镜子、灯罩，卫生间的金属电镀器具等只能用干布擦拭。

三、客房清洁卫生服务程序

1. 清洁前的准备工作

了解房态，决定清洁顺序。一般而言，淡季时清扫顺序为挂“请速打扫”牌房间、VIP 房间、住客房、走客房、空房。而旺季时的清扫顺序可调整为空房、走客房、挂“请速打扫”牌房间、VIP 房间、住客房。具体操作可视不同情况灵活运用。

准备工作车、清洁工具。准备工作的基本内容为将车擦拭干净，将干净的垃圾袋和布草袋挂在挂钩上，再把棉织品、水杯、烟缸、文具用品及其他各种客用消耗品备好，整齐摆放。备齐各种清洁剂、干湿抹布、不同刷子、清洁手套等各种清洁工具。检查清扫工具吸尘器和各部件是否严密，有无漏电现象，检查蓄尘袋的灰尘是否倒掉。

2. 住客房与退房的清洁程序

（1）停放工作车：工作车应挡住房门 1/3 靠墙停放。

（2）敲门进入房间：敲门前要先观察门上是否挂有“请勿打扰”（Don' t disturb）牌或门上有双锁标志，避免打扰客人。敲门要先轻轻敲三下，然后报称客房服务员（Housekeeping），待客人允许后方可启门进入。如果三四秒钟后客房内没有回答，再轻敲三下并报名。重复三次仍没有回答时，可用钥匙慢慢把门打开。进房时，无论客人是否在房间，都不得将门关严。如果客人在房间，要立即礼貌地向客人讲明身份，征询是否可以进房清扫。如进房后发现客人在卫生间，或正在睡觉，正在更衣，应立即道歉，退出房间，并关好房门。

（3）房内整理：拉开窗帘，开窗通风（不能开窗的要开大空调通风量），关闭客房内的电器和照明灯。

（4）清理垃圾杂物：将房间和卫生间的垃圾、烟灰缸的烟头、纸篓废弃物等收集倒入工具车的垃圾袋内，注意烟头是否熄灭，将用过的烟缸、杯子放入卫生间准备刷洗或放回工作车准备调换；不经客人同意，不得擅自将客人的剩余食品、饮料、自带用品等撤出房间；尤其是女性化妆品，即使是用完的空瓶、空盒也不得扔掉；客房内可能有保留价值的东西不可随意丢掉。

（5）铺床。

（6）抹尘：抹尘遵循上述先上后下、先里后外、先湿后干的原则。做到不留死角；抹的过程中将移动物品按规定放回原位，并默记待补充的物品；每抹一件家具、设备，都要留意检查是否有损坏，一经发现要及时记录。

（7）清洗卫生间。

（8）补充客用物品。

（9）补充房间和卫生间内的必备用品，按规定的位置摆放好。

（10）吸尘：吸尘由里往外吸，注意行李架、写字台底、床头柜底等边角的吸尘。注意有移动的家具顺手挪回原位。

（11）填写客房清洁报表：在客房清洁工作结束时，服务员应环顾一下房间、卫生间是否干净，家具用具是否摆放整齐，必备用品是否放好，清洁用品是否遗留在房间等。同时填写好“清洁报表”，退出房间，关好房门。若客人在房间，要礼貌地向客人表示谢意，然后退出房间，轻轻将房门关上。

3. 统筹客房计划卫生

客房计划卫生保养的内容主要有家具除尘、家具打蜡、地毯清洗、纱窗床罩等的清洗、通风口清洁、金属器具的擦拭等。针对不同的项目，应按不同的周期进行清洁保养。

四、客房清洁质量控制

（1）熟悉客房清洁卫生质量控制途径；

（2）强化员工卫生质量意识；

（3）明确清洁卫生操作程序和标准；

（4）严格逐级检查制度；

（5）设置“民宿客人意见表”。

五、制定客房清洁卫生检查制度

（1）服务员自查。

（2）管家全面检查。

（3）熟悉客房清洁卫生质量的标准。

视觉标准：指客人和员工、管理者凭借视觉或嗅觉能感受到的标准（如灰尘、污迹、异味等），但由于个体的感受不同，标准只是停留在表面。眼看到的地方无污迹；手摸到的地方无灰尘；设备用品无病毒；空气清新无异味。

生化标准：是由专业防疫人员进行专业仪器采样与检测的标准，所包含的内容有洗涤消毒标准、空气卫生质量标准、微小气候质量标准、采光照明质量标准及环境噪声允许值标准等。生化标准是客房清洁卫生质量更深层次的衡量标准。

六、掌握客房清洁质量控制的方法

（1）强化员工卫生质量意识。为提高客房清洁卫生质量，首先要求参与清洁的服务人员有良好的卫生意识。为此民宿管家及保洁人员必须做好岗前及岗位培训，让员工树立起卫生第一、规范操作、自检自查的岗位责任感。同时要求客房管理人员及服务人员注意个人卫生，从自身做起，既完善自身形象，又加强卫生意识和卫生习惯。

（2）不断提高客房员工对民宿卫生标准的认识，严格与自己日常的卫生标准相区别。

（3）制定清洁卫生质量控制标准：操作标准、质量标准、时效标准。

第三节　客房设备管理

一、客房设备的管理范围

客房设备的管理主要包括：客房设备的选择与采购、使用与保养、储存与保管。

二、客房设备管理的要求

（1）适时（Right Time）；

（2）适质（Right Quality）；

（3）适量（Right Quantity）；

（4）适价（Right Price）。

三、客房设备管理的方法

（1）核定需要量；

（2）设备的分类、编号及登记；

（3）分级归口管理；

（4）建立和完善岗位责任制；

（5）客房用品的消耗定额管理。

四、客房设备管理分类

1. 家具

家具是人们日常生活中必不可少的主要生活用具。客房使用的家具主要有卧床、床头柜、写字台、座椅、小圆桌、沙发、行李架、衣柜等。

2. 卫生设备

卫生间的设备主要有洗脸台、浴缸、坐厕、毛巾架、镜子、吹风机、灯具、垃圾桶等。

3. 电器

客房内的照明灯具主要有门灯、顶灯、地灯、台灯、床头灯等。它们既是照明设备，又是房间的装饰品。

其他电器包括电视机、空调、音响、电冰箱、电话等。

4. 安全装置

根据民宿的实际情况及公安管理部门的要求，考虑在客房内安装烟雾感应器及安全链。民宿内要有安全指示图，标明客人现在的位置及安全通道的方向。楼道内安装电视监控器，放置自动灭火器等。

五、客房设备的管理方法

（1）编制客房物品与设备采购计划；

（2）做好设施设备的审查、领用和登记编号工作；

（3）分级归口管理；

（4）做好客房物品与设备的日常保管和使用；

（5）建立设备档案；

（6）及时做好客房物品与设备的补充和更新工作。

第五章
民宿的餐厅管理

⊙吴静

“民以食为天”。餐饮的管理是民宿经营的重要组成部分，也是体现民宿特色的一个重要内容。品尝当地美食也是客人来民宿度假的一个需求，客人可以根据菜式的品类、品质以及服务态度来判断民宿的服务质量，是一个感官与触觉的评价。

第一节　餐厅卫生

民宿的餐厅一般是以供应当地特色农家菜为主要特色，须办理《餐饮行业卫生许可证》。按照规定要求，服务人员必须办理健康证。

一、环境卫生

民宿的餐厅设立在市内自然通风条件良好、空气清新、无异味的场所，要有独立的且不小于8平方米的食品处理区，并要配备足够的照明、通风、排烟装置和有效的防蝇、防尘、防鼠以及污水排放和符合卫生要求的存放废弃物设施。

二、从业人员卫生

民宿工作人员要办理健康证，衣着要整洁，养成良好的卫生习惯。餐厅工作人员的外表形象就像一面镜子，直接反映出餐厅的卫生标准。餐厅的每一位工作人员，不管是什么岗位，都要特别注重个人卫生。

（1）服务人员应当穿着整洁的工作服；厨房操作人员应当穿戴整洁的工作衣帽，头发应梳理整齐并置于帽内。

（2）不得留长指甲、涂指甲油、戴戒指、浓妆艳抹及喷浓郁的香水。

（3）不得在工作区域内吸烟、嚼口香糖、吃零食。

（4）不得有面对食品打喷嚏、咳嗽及其他有碍食品卫生的行为。

三、操作卫生

餐厅人员在工作过程中必须严格按照卫生要求操作每一步。

（1）工作前、处理食品原料后或接触直接入口食品之前都应当用流动清水洗手。

（2）各种食品原料在使用前必须洗净，蔬菜应当与肉类、水产品类分池清洗，禽蛋在使用前应当对外壳进行清洗，必要时进行消毒处理。

（3）用于原料、半成品、成品的刀、墩、板、桶、盆、筐、抹布以及其他工具、容器必须标志明显，并做到分开使用，定位存放，用后洗净，保持清洁。

（4）加工人员必须认真检查待加工的食品及食品原料，发现有腐败变质或其他感官性状异常的，不得加工或使用。

（5）需要熟制加工的食品应当烧熟煮透，其中心温度不低于 70℃。加工后的熟制品应当与食品原料或半成品分开存放，半成品应当与食品原料分开存放。

（6）在烹饪后至食用前需要较长时间（超过 2 小时）存放的食品，应当在高于 60℃或低于 10℃的条件下存放。需要冷藏的熟制品，应当在放凉后再冷藏。

（7）制作肉类、水产品类凉菜拼盘的原料，应尽量当餐用完，剩余尚需使用的必须存放于专用冰箱内冷藏或冷冻。

（8）食品添加剂应当按照国家卫生标准和有关规定使用。

第二节　餐饮服务

一、餐饮准备

（1）提前与住店客人确认好菜单、用餐时间、用餐人数并告知厨房准备；

（2）做好餐厅卫生，提前打开空调；

（3）准备并摆好各式餐具；

（4）检查自身仪容仪表；

（5）最后再检查所有的工作是否已准备妥当。

二、服务步骤

1. 欢迎客人

客人到达餐厅时，工作人员需亲切友善地向客人问好：早上好（中午好、晚上好），欢迎光临。

2. 引导客人入座

客人入座后冲泡茶水及提供餐前小吃。

3. 用餐时的服务

及时上菜，并留意客人用餐时的需求，及时提供服务。

4. 送别客人

客人用餐后准备离开，要提醒客人带好随身物品，不要遗漏；并热情礼貌地送客人到门口，并表示感谢：感谢光临，请慢走，欢迎再来。

5. 收拾及清洁

客人用餐结束后要及时收拾餐具与餐桌，等客人全部离开后，全面清洁餐厅，关空调熄灯。

三、早餐服务

多数的民宿都是提供早餐服务的，早餐提供方式一般分套餐与自助餐两种。套餐早餐，指的是民宿主按照不同口味或养生餐谱、营养食谱将不同的食品组合成一份早餐，一般分中式及西式两种。自助餐则是将多种早餐品种放在一个公共区域，让客人按照自己喜好自行选择。

早餐特色尽量本着本地特色、制作方便、口味大众、营养搭配四个原则来设计，种类要多样，灵活多变，含主食、水果、饮料等，根据季节及食材价格等来更新早餐种类。

1. 早餐套餐服务

民宿体量小，住客数量少，尤其是旅游淡季，早餐用餐人数少，采用自助餐形式比较不易，所以大部分的民宿一般是采用套餐式早餐。管家在前一天晚上询问客人第二天早餐的用餐选择及用餐时间，提前通知厨师按分量准备好食材。

制作早餐套餐的原则：

（1）套餐内早餐品种多样，尽量按照营养需求搭配。

（2）套餐内的每一个品种都要量化，如鸡蛋 1 个、面包 2 片等，做到主要食物提供量与就餐人数对应，同时在准备早餐时也要稍多备一些，以防客人不够吃时需要添加。

（3）由于客人口味不一样，尽量提供中式、西式或混搭式的套餐餐单供客人选择。

（4）选择合适、漂亮的托盘及餐具来盛装食物，食物摆盘要美观，让客人吃出仪式感，并愿意拍照发朋友圈帮民宿宣传。

（5）尽量安排客人在民宿景致最好的地方用餐。

下面提供某民宿早餐套餐餐单供学习参考：

表 5-2-1 某民宿早餐套餐清单

星 期	养生粥品	主 食	鸡 蛋	粥食小菜	清蒸粗粮拼盘	蔬菜
星期一	红薯粥（1 碗 / 位）	豉油皇炒面（半碗 / 位）	水煮鸡蛋（1 个 / 位）	豆腐乳（1 小碟 / 桌）	玉米 + 淮山 + 南瓜 + 芋头（各 1 块 / 位）	清炒时蔬
星期二	白粥（1 碗 / 位）	三丝炒河粉（半碗 / 位）	水煮鸡蛋（1 个 / 位）	榨菜（1 小碟 / 桌）	玉米 + 淮山 + 南瓜 + 紫薯（各 1 块 / 位）	水烫时蔬
星期三	皮蛋瘦肉粥（1 碗 / 位）	派潭盖仔粉（半碗 / 位）	水煮鸡蛋（1 个 / 位）	萝卜干（1 小碟 / 桌）	玉米 + 淮山 + 南瓜 + 胡萝卜（各 1 块 / 位）	清炒时蔬
星期四	南瓜粥（枸杞点缀）	三丝炒米粉（半碗 / 位）	水煮鸡蛋（1 个 / 位）	榨菜（1 小碟 / 桌）	玉米 + 淮山 + 紫薯 + 芋头（各 1 块 / 位）	水烫时蔬
星期五	白粥（1 碗 / 位）	豉油皇炒面（半碗 / 位）	水煮鸡蛋（1 个 / 位）	萝卜干（1 小碟 / 桌）	玉米 + 淮山 + 南瓜 + 紫薯（各 1 块 / 位）	清炒时蔬

续前表

星期	养生粥品	主食	鸡蛋	粥食小菜	清蒸粗粮拼盘	蔬菜
星期六	红枣小米粥（枸杞点缀）	三丝炒河粉（半碗/位）	水煮鸡蛋（1个/位）	榨菜（1小碟/桌）	玉米+番薯+南瓜+芋头（各1块/位）	水烫时蔬
星期日	八宝粥（1碗/位）	派潭盖仔粉（半碗/位）	水煮鸡蛋（1个/位）	萝卜干（1小碟/桌）	玉米+淮山+南瓜+紫薯（各1块/位）	清炒时蔬

西式						
每周	烤面包2片	火腿肠1根	荷包蛋	培根1条	水果	牛奶或果汁

西式套餐摆盘案例

中式套餐摆盘案例

（图片由广州喜林院酒店提供）

2. 自助餐早餐服务

周末及节假日旺季入住客人比较多，为节省服务人手，可采用自助餐早餐形式。由于自助餐是客人自助，难免会出现很多状况，管家们要特别注意以下事项：

（1）特别注意餐台卫生，不可有残留菜物。

（2）要注意食物的保温，随时关注自助餐炉的保温情况，及时添加保温热水或添加酒精，保证炉温。

（3）要注意食物的及时补充，尽量保证补充时间不超过 5 分钟。添菜的过程要在餐炉空位上摆放提示牌。

（4）随时归位被客人混用的自助餐夹，及时更换脏的餐夹。

（5）客人用餐过程必须保证自助餐台上餐具充足，不能空缺。

（6）餐台上的任何有破损及有污迹的餐具都应及时撤走。

（7）虽然是自助餐形式，但是食物的摆盘也要注意美观，加深客人对民宿的感觉，让视觉、嗅觉、味觉得到最好享受。

自助餐早餐摆盘示范

（图片由广州慕吉云溪山居提供）

四、午餐、晚餐服务

餐饮收入是民宿的一个重要收入来源，同时餐饮也是体验民宿特色的一个重要组成，所以管家要对菜品的设计特别重视，同时也要根据民宿的客户群体的特性以及民宿的房价档次来确定菜品的价格标准。

菜品设计原则：

（1）多找出民宿所在地的特色菜品；

（2）在本土特色的菜式中尽量推陈出新，独创一两款民宿自有的特色菜；

（3）每个月按照季节推出一些应季新菜式，尽量让回头客每次来都有新的惊喜。

另外，要注意餐具的挑选要与民宿的设计调性匹配，并注意菜品的摆盘，尽量做到让菜品打动客人，成为客人帮民宿宣传的其中一项内容。

菜品设计

（图片由广州慕吉云溪山居提供）

五、烧烤

住店客人特别是家庭或者团队入住民宿的，一般都很喜欢户外烧烤，所以民宿在运营中一定要有烧烤这项服务，并配合烧烤提供户外电影或者篝火晚会的服务，这样民宿的吸引力更大。提供烧烤服务要特别注意烧烤食物的新鲜与保鲜。

烧烤

（图片由广州慕吉云溪山居提供）

六、下午茶

民宿一般在下午的时候都供有免费或者收费的下午茶，让客人静享下午时光。有些民宿也会在下午提供专门的烘焙体验课程。

下午茶

（图片由从化湖庐民宿提供）

第六章
民宿的人员管理

⊙吴静

人员组织架构指的是在一个组织内对于工作任务如何进行分工、分组和协调合作，是组织在职、责、权方面的动态结构体系，其本质是为实现组织战略目标而采取的一种分工协作体系。民宿与任何组织一样应该拥有自己的组织机构。

第一节　人员架构

民宿由于规模大小、市场定位以及服务产品等因素的不同，其组织架构的设计及配备的员工数量也相应不一样。架构的设置要以客人的满意度为目标，以提升服务品质为原则。所以，一个人员精简、成本节约、沟通顺畅、满足客人服务需求的人员架构对于民宿尤为重要。

一、单体民宿

《广东省民宿管理暂行办法》规定，民宿单栋的房间数量不超过 14 间。而民宿房间的数量及其提供的服务类型是决定民宿人员架构的重要因素。

1. 房间数量在 8 间房以内的民宿，一般人员配置为 2—3 人，视民宿是否有餐饮或者其他服务来增减人数。民宿主或管家再加 1—2 名员工，每人都兼若干工作。如民宿主或者管家会负责前台接待、采购、出纳等，清洁工会负责打扫卫生兼做饭等。

（1）民宿主只投资，不管民宿事务的架构

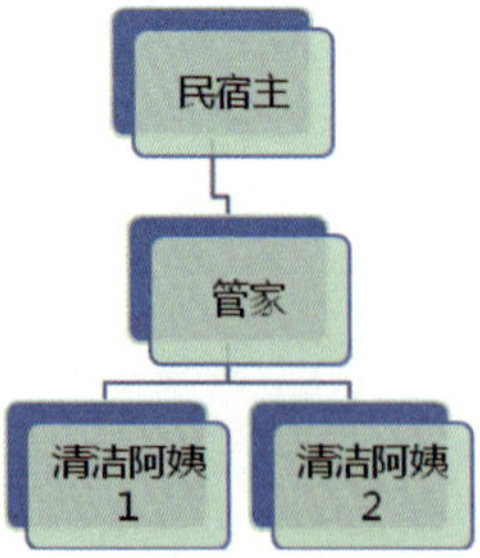

（2）民宿主自己管理民宿的架构

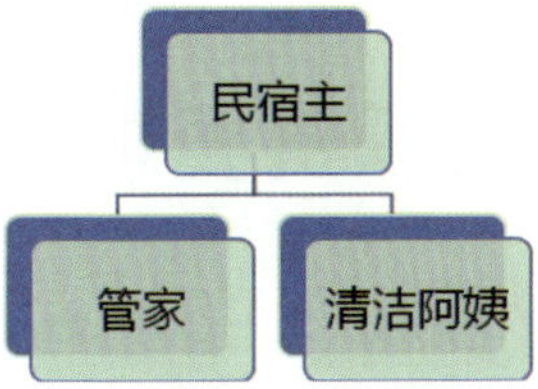

2. 对于房间数量比较多（8 间以上）且提供其他会议或者活动功能的民宿，涉及的工作内容更多，所以团队各岗位的职能分工会专业些，其架构大致可以设为：

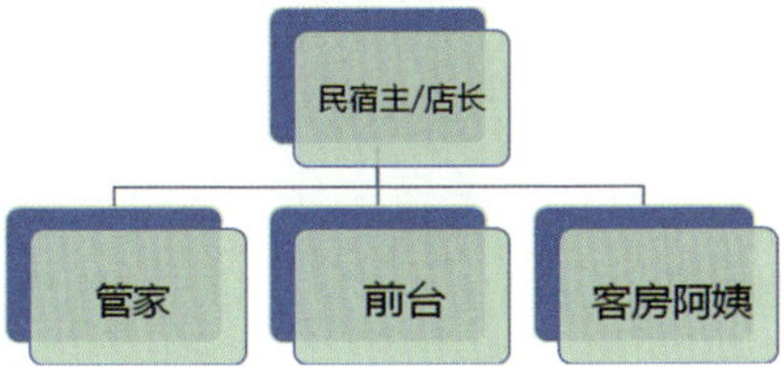

二、连锁民宿

连锁经营的民宿是指拥有 2 家门店以上，门店可以是纯自营的，也可以有托管的；门店品牌可以统一，也可以不一样，一切都视民宿投资者的方向来决定。连锁经营的民宿因为牵涉到设计、统一的宣传推广、统一的采购、各店联动配合管理、财务管理等，除了每家门店自有的人力架构外，一般都会有专门的运营团队。这个运营团队涵盖设计、工程、市场运营、采购、财务、人事行政等部门，而每个门店的人员架构则参考单体民宿的架构。

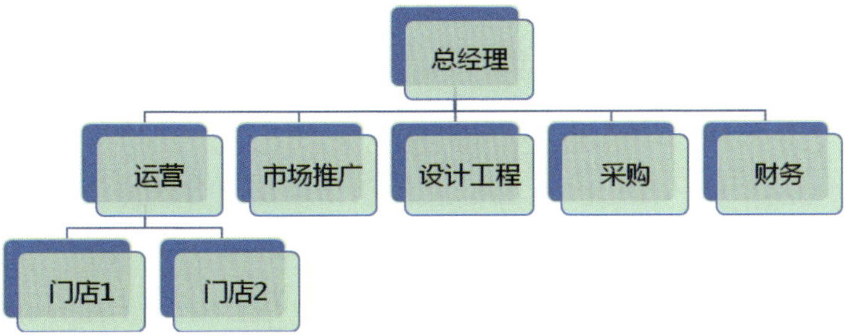

第二节　岗位设置及职责要求

一、民宿的工作岗位

1. 民宿主（店长）

民宿区别于酒店的最大的区别在于主人文化，这个主人文化是贯穿整个民宿的灵魂。所以民宿首先要有“主人”，一个最核心的灵魂人物，也就是民宿主。民宿主会将自己的兴趣爱好、特长以及人生阅历都融汇到民宿的设计、摆设及运营内，形成自身独有的民宿文化、独特的情怀，而这些文化就是吸引客人入住的首要因素。

而在连锁民宿，这个主人是由店长来担当，他将代替民宿主将民宿的主理人文化在运营中传达给客人和员工。所以选择一个三观一致，同样热爱民宿还有团队管理能力的店长对民宿主而言是至关重要的。

2. 管家

这是民宿团队内事情最多最繁杂的一个重要职位，主要负责客人抵店、住店与离店期间的接待工作。在一些单体民宿，管家还要负责前台OTA的订单跟进、采购及民宿活动跟进、做早餐及下午茶等工作。管家的能力与服务品质是最直接影响到客人感受的，所以管家的重要性与稳定性比其他职位要求更高。一般管家都会具备一些相关技能的经验，比如懂些摄影、插花或者烹饪等，可以与客人互动交流，增加民宿的服务内容。

3. 前台客服

现在的民宿竞争比较大，除了在民宿主或者民宿的自有粉丝朋友圈接收订单外，一般都会上携程、爱彼迎、飞猪、途家等OTA平台。民宿的工作量比较大，民宿主与管家顾及不来的民宿，一般就会设专门的前台客服职位。

客服一般要负责跟进粉丝朋友圈及OTA平台订单、在OTA平台上与订房客人沟通、确认 OTA 订单、负责前台办理客人入住、PMS 系统锁房等工作，要求对民宿的房态、房源都要熟悉，而且要及时锁房，防止重复卖房。所以要求这个职位的人要有责任心，工作细致负责，在与形形色色、文化程度不一样的客人交流时要情绪稳定、语气平和、不焦躁。

4. 清洁服务员

民宿清洁员一般负责客房及公共区域的保洁工作，包括客房的打扫，床品的更换，卫浴用品、家具及杯具的清洁与消毒，垃圾清理等工作。民宿的卫生问题是住店客人永远关心及最在意的问题，所以卫生清理一定要注意细节，让客人入住放心。

5. 厨师

一些小型民宿的餐饮是由喜欢烹饪的民宿老板娘来提供，规模稍大些的民宿或者连锁民宿如果提供餐饮服务的，一般都会招聘专职厨师。民宿主会根据自家民宿所在的地理位置、民宿的定位及目标客户群体的分类来确定餐饮的方向。如果是做本地菜式，那就请当地厨师；如果是做西式菜式，那就要请西餐厨师。不管是哪一类的餐饮，厨师的菜式出品都要有特色、要美味，能抓住客人的胃口。

6. 其他岗位

有些民宿由于面积比较大，也会设置保安这个岗位，负责引导客人停车、民宿内的巡逻及户外园林景观维护。有游泳池的民宿，可能保安还要兼泳池安全员，全场监管。

另外提供旅游线路业务的民宿，也会配置专职司机，兼做导游，负责接送客人及带他们游玩。

二、民宿岗位职责要求

1. 岗位职责描述

相对于酒店这类的标准住宿业，民宿虽然是属于非标准住宿业，体量小，人员架构也相对简单，但是民宿人员的工作内容也不少。为了避免工作上的争议，减少管理及沟通成本，民宿主还是要将每一个工作岗位的职责要求用文字描述下来，在员工入职时清楚告知，并确认员工完全了解。

2. 岗位工作职责说明书

根据不同岗位的工作职责要求制作说明书，让员工签字确认，同时也提供一份复印件给员工，让他们随时了解自己的工作职责。

表 6-2-1 工作职责说明书范例

<table>
<tr><td>部门</td><td>运营部</td><td>岗位名称</td><td>管家</td><td>职务级别</td><td></td><td>岗位编号</td><td></td></tr>
<tr><td>直接上级</td><td>店长</td><td>直接下属</td><td colspan="3">客服、清洁阿姨</td><td>定员</td><td>1</td></tr>
<tr><td>职位要求</td><td colspan="7">1. 大专以上学历，两年以上工作经验，有房务或前台工作经验者优先；
2. 爱民宿、爱旅行、爱生活、爱自然、爱环保，工作认真细心，有责任心；
3. 良好的沟通能力，懂电脑操作；
4. 良好的职业操守及团队合作精神，较强的沟通、理解和分析能力。</td></tr>
<tr><td>职责
和任务</td><td colspan="7">1. 负责民宿各项规章制度的执行与监管；
2. 负责员工人事档案的收集与存档，做好招聘、培训计划，及后备管理人员的储备；
3. 统筹管理民宿各部门的工作安排，发布工作群要求；
4. 组织月例会和周例会，并做记录和存档；
5. 负责统一采购，确保正常运营；
6. 保证客房、餐厅、前厅处于卫生良好的运营状态；
7. 掌握房情房态，每日抽查不少于 5 间房（公区卫生间必查）；
8. 巡查各区公共场所，每日不少于 2 次；
9. 民宿活动策划，配合活动策划的执行与完成；
10. 监督各岗位同事的工作，并对其作出评估；
11. 处理投诉事宜；
12. 定期检查消防水电等设备。</td></tr>
<tr><td>店长签名</td><td colspan="7"></td></tr>
<tr><td>员工签名</td><td colspan="7"></td></tr>
</table>

第三节　民宿人员配备与安排

民宿是服务行业，“人”的要素非常重要，温馨的人性化服务都是要由人来提供的。而民宿又是商业运作的实体，房租与人员开支为最大的成本，所以民宿主也要从运营成本上去考虑人员的配备，尽量开发员工潜能、节约人力，让每个员工创造最大化的价值。

一、民宿人员配备

1. 单体民宿

单体民宿一般需要配备的基本人员为民宿主、管家、前台客服及清洁工，然后是根据民宿自身的特色及服务内容增设相应的岗位。比如有提供餐饮服务的，那民宿主就要考虑是否需要请专业厨师，还是考虑自己来做，高峰期才请当地村民来兼职；厨房的后厨工作清洁工能否兼任，还是要请村民做钟点工；民宿有带客人游玩的项目，管家是否能兼任司机及导游，还是需要请一个专职人员。这些都需要民宿主自己去判断来决定。

2. 连锁品牌民宿

连锁品牌的单店人员配置与单体民宿基本类似，只是将民宿主改成店长管理而已。但由于民宿是做连锁化经营，每年都有对外扩充门店计划，所以一般都会有店长与管家的储备人选分散在各门店学习与工作。

二、民宿人员配备原则

1. 人员配比

民宿人员配备是根据民宿自身体量大小、客房数量、民宿的服务内容来确定的。一般小型民宿的人员配备数量与房间数量的配比约为

1 ∶ 0.3 ～ 0.5；而体量稍大些且提供的服务内容较多的高端民宿，其人员数量与房间数配比是 1 ∶ 0.8 ～ 1。各民宿主根据自身情况来考虑人员配比。

2. 人员招聘本地化原则

民宿特别是乡村民宿，由于远离繁华城市，地处乡村，一般比较难招到合适的店长与管家。民宿经营是要与当地民众和谐共处的，尽量能带动当地的就业，多招本地员工。本地员工比较稳定、流动性低，特别是在逢年过节时都能坚持上班，而外地员工会休假。厨师、保洁、采购等基本找当地人，熟悉本地的情况。前台客服、管家尽量本地与外地人各半，这样可以互补。外地员工文化素质高些，工作容易上手，但稳定性不够。本地人稳定性高，但需要时间培养。

3. 打工换宿

除民宿配备的固定人员外，民宿还可以合理地使用“打工换宿”的方式来降低民宿的人工成本，分担部分基础工作。

三、民宿的日常工作安排

民宿淡旺季明显，特别是乡村民宿，工作日入住率低，而周末及节假日则一房难求。所以要合理预测客房入住率及各个环节的工作量，按照“淡季每人都有事做，旺季每件事都有人做”的原则来确认合理的员工数，宁愿旺季请兼职人手也不能人员冗余。

淡旺季客流量的差别对应工作量的差别，所以在员工的排班上也要根据这个来灵活安排，周末、节假日、暑假旺季所有员工没有特殊情况均不可休息，在工作日或者淡季的时候让员工轮休、补休。

另外，民宿的很多工作，如客房更换床品、布草搬运等工作量大的，采用 2 人一组的工作安排会降低员工的劳动强度，提高员工的工作效率及降低员工受伤的风险。

下面以某 12 间客房的民宿为例来说明一下民宿的日常工作安排。

1. 员工编制：8 名员工，其中 1 名管家。

2. 班次安排：平时2人早班，2人中班，2人夜班，1人休息，1人管家。周末或者节假日早班3人。

早班：7：00—16：00；

中班：13：00—22：00；

夜班：22：00—（次日）7：00。

第四节 民宿的人员管理

民宿如同其他公司一样，都是经历创业初期、稳定期、成熟期三个阶段的，这三个阶段民宿对于员工的需求是不一样的，从而对员工的管理也相应不同。

一、阶段一：开业初期

民宿刚开业，事情多，方方面面都不成熟，属于磨合期，无论是民宿的硬件还是民宿的人员之间的配合、交流都需要时间去磨合。这个阶段民宿主身边是需要一个很放心、比较信任且工作积极投入的人配合开展工作的，所以尽量去找知根知底的人进来，大家一起学习一起磨合。另外，能找到全能的复合型人才对初创的民宿也至关重要。

二、阶段二：稳定期

一般在运营半年后，民宿会进入稳定期，推广有了基础和模式，内部的员工对于工作流程也比较熟悉了，大家的配合也比较默契。在这个阶段就要开始提升民宿的服务品质、增加创新服务内容，所以每个岗位的员工都要多技能培训，提高工作要求，有些岗位就要找到专职的专业人才进来。比如前台客服，要熟悉OTA操作，懂得协助写公众号。比如管家，要懂得摄影或者有做烘焙之类的技能，可以更好地开展民宿的客户体验活动及提高客人的认同感等。而且在这个时期，民宿主要有意识地培养梯队人才，树立自有的价值观并让员工认同，为民宿的稳定及持续发展做铺垫。

三、阶段三：成熟期

民宿运营到成熟期时，业务已经稳定，也有了自己固定的粉丝，在市场上有一定的品牌知名度。民宿也已经形成了制度，内部工作流程顺畅，各个职能岗位人员也稳定，每个岗位达到用人而不依赖人的状态。这个阶段的民宿更多地要建立自有的完整的理论及实操的培训体系，除了对新员工的上岗培训及员工的技能培训外，还要打造民宿企业文化，让员工认可民宿的价值观，并融入企业文化内，更好地服务客户，发展民宿。

特别要强调的是，民宿虽然是诗与远方的美好，但是美好的背后是大量辛苦而琐碎的工作，而且民宿的管家与客服等岗位都是年轻人居多，给予员工可预见的晋升机制及发展空间尤为重要。单体民宿虽然没有连锁民宿那么多的晋升空间，但也要在员工工作之余开展各类培训、访问交流等，让员工拓宽视野、提升自身技能与工作能力，从而更好地为民宿服务。

第七章
民宿的活动策划

⊙吴静

民宿的特色不仅仅在于外观设计、景色环境，民宿内开展的特色活动也是一个重要环节。好的活动不仅能吸引客人入住，增加客人对民宿的黏度，同时活动本身也可以增加民宿的收入。每个民宿主各自的特长与喜好不一样，所以各民宿都有自己固定的特色活动。另外在不同的节日或者不同的季节，民宿也可以推出相应的应季活动吸引客人。

第一节　民宿固定的特色活动

目前各民宿的活动内容大致包含手作、美食、摄影、禅修、乡村民俗活动、野外活动等。以下以案例方式来展开介绍各类活动内容。

一、手作类

很多民宿都会由管家带着客人开展手作活动，比如蓝染、植物染、手工勾编、石头画、做香囊、伞画等，这些都是很好的亲子体验活动，也受年轻人喜欢。

案例一：广州慕吉云溪山居手作活动

蓝染：

蓝染，是一种用植物染料对布匹进行人工染色的技术。用于蓝染中的靛蓝泥工艺有些繁杂，它的主要流程是从采蓝开始，然后浸泡，接着打蓝，最后再到制蓝。为了去除杂质，将蓝靛提升至纯粹状态，它的每一道工序都需要认真把控，最后得到高品质的蓝靛泥，方可封存使用。

荀子在《劝学》中所提出的“青，取之于蓝，而青于蓝”即源于蓝染。

每一个作品的纹路都不相同，所以，在每一次创作后拆开都会有不同的期待，这正是扎染的魅力所在。

植物拓染：

世间万物皆会枯萎。

所以人类在追求“永生”的同时，不只是为了人类文明的进步，更是为了挖掘更多的方式留住美好。这古老的押花工艺，便是用最纯粹的方式，让植物的生命得到延续。

清晨，雨露未干。采上一片中意的，轻轻敲打，让汁液渗入棉麻布里，便烙下生命的纹路。

这种烙印，借用简媜的《旧情复燃》里的一句话：仿佛被路过的神拍了肩膀。

亲子时光，儿时最柔软的回忆。

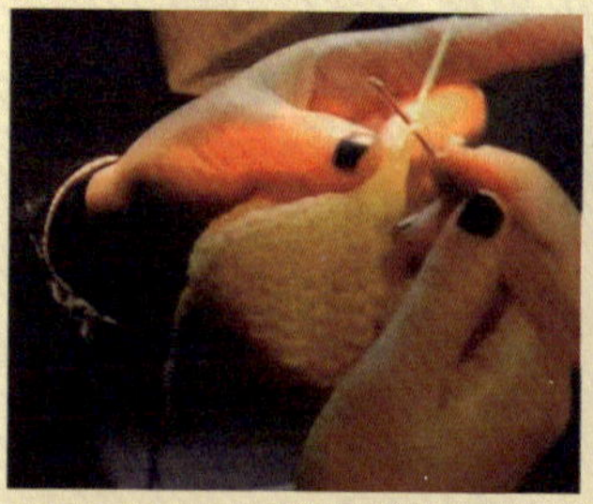

手作织物：

说到针织物，在某种程度上我们将它归为一种复古的风潮，无论怎么推陈出新都能让人在不经意间回想起那个朴实无华的年代。

游走在天还未亮的胡同里，只为尝一口那馋人的豆浆和油条。那个年代，什么都很慢，一件用心的织品需要花费好几个夜晚的烛光才能完成。这种慢生活方式，也是这个浮躁的社会所匮乏的。所以，你可以慢一点，再慢一点。留下更多的空间给自己。

你看上去，远远比想象中的可口得多！

手作扇：

手作扇的制作，从材料的选择到剪裁，再到缝制的整个过程，需要长时间的专注力，这种专注让人达到一种心无杂念的状态，不执着过去，不忧虑未来，远离浮躁与尘嚣。

正是因为手作的温存是机器制作所不能比拟的，所以才会有那一小部分人的坚持。他们坚持用最传统的方式，用一针一线，表达着自己的态度，让手作被愈来愈多的人接受。

手作香囊：

香囊又称“佩帏”，古人将其作为平日里佩戴的装饰品，并且寄情于香包的刺样，利用彩色丝线绣制出各种精致的图案纹饰。

香囊的内置填充物，一般采用艾叶，具有提神醒脑、预防流感的功效。

手作油伞：

伞像是漂浮在雨中的精灵，每一次旋转和跳跃都显得活泼灵动。

有人说伞的宿命是等雨。在慕吉云溪，伞不只是等雨，它是曲线与直线衔接出来的艺术品，还可以做些趣味的事情。

油画伞，利用简单的色彩和线条，将心中的色彩跃然伞上，描绘出一幅幅天马行空的景象。

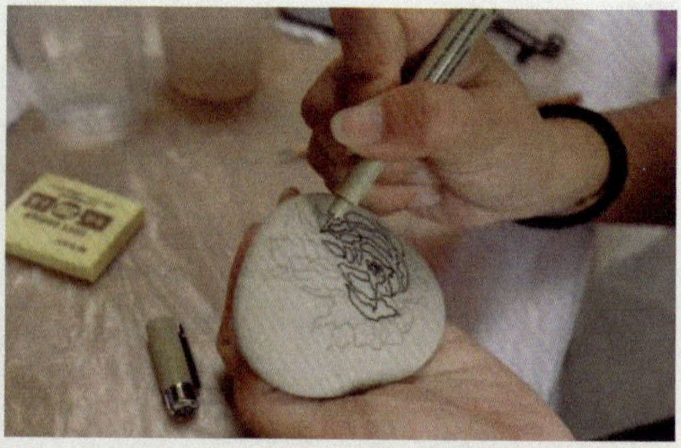

手作石头画：

山无石不奇，水无石不清，园无石不秀，室无石不雅。

石头的自然之美，在于自身。石头之美的升华，在于点缀。

用画笔，勾勒出纹路，最后用色彩点缀，便有如画龙点睛。

朝拾晨露晚掬风，青色染指造蓝缬。

愿你来慕吉，又不只因慕吉。

（以上内容摘录于“慕吉私人酒店”公众号）

点评：

广州慕吉云溪山居位于增城区派潭镇的樟洞坑村，这个村是在一个离镇中心将近20千米的盆地内，比较偏僻。村里可以游玩的项目就是摘果与爬山，这两个项目不是每个客人都喜欢，所以云溪山居就需要策划一些在山居内的固定活动让客人去体验，特别是亲子游的客人。以上这些手工活动很受家庭出游的客人欢迎，孩子们在做手工的过程中，不仅可以接触大自然，还能学到中国传统工艺的知识，寓教于乐。

二、美食制作类

民以食为天，民宿客人有时去乡村度假就为了尝尝那一口新鲜的美食，所以民宿提供的餐饮食材要当季、新鲜，最好能有一些当地特色美食作为民宿的餐饮招牌。如果民宿主是美食达人，那就可以将美食作为民宿的推广主题与特色来运营。

案例二：韶关丹霞山燕子呢喃依山民宿的椿树厨房

燕子妈妈的椿树厨房在丹霞山，是一个看得见四季，尝得出节气味道的，富有山野烟火气息和人情味的山居小厨房。

山居丹霞的美食达人燕子妈妈，每天在山间行走，呼吸新鲜空气，寻访田野美食。

丹霞山虽无严寒，但巴寨山顶的冰凌也足以展现大寒时节低温的威力。

对于怕冷的南方人来说，冬日是进补的最佳季节，尤其是一年中最冷的大寒，自然是不可错过的大食日。

在最冷的大寒，一道南方特有的滋补羊排煲仔，温脾胃的同时，更暖身心。

我则独爱丹霞山区的黑山羊，它们每天在丹霞乡野自由奔跑，绝对是最放心的食材。肉质鲜美细嫩，南方人不喜的羊膻味较轻。

当日就可从田野到餐桌，使人不由赞叹：天下美食，唯“鲜”不破。

大寒•食单

食材：南方黑山羊排、淮山、胡萝卜、老姜、当归、红枣、党参、枸杞、料酒、娘酒、生抽、鸡精、盐等。

步骤：

1. 羊肉洗净备用，淮山、胡萝卜去皮切滚刀，老姜去皮，整个姜拍扁备用；

2. 羊肉、淮山、胡萝卜、红枣、枸杞等所有食材逐一过水，滤干备用；

3. 起油锅，放入姜片炒至微黄，加入羊肉爆炒；

4. 加入料酒、生抽、盐，不断翻炒直至羊肉入味（此步骤很关键，炒入味的羊肉才香，膻味不重）；

5. 加入当归和盖过羊肉面的开水焖煮一小时（记住要一次性加够水）；

6. 一小时后放入淮山、胡萝卜、党参和红枣，再继续焖煮半小时；

7. 即将收汁时放入枸杞、娘酒、鸡精调味，再煮 5 分钟就可以起锅了；

8. 最后一步，拍个美美的照片，上桌开吃进补。

这是燕子妈妈山居丹霞的首篇食帖，选择在大寒节气首发，是因为任凭窗外风雪再大，厨房依旧足够温暖。

下一期的食帖主题未定。文末留言给燕子妈妈，说出你想知道的菜或者展现你的拿手菜，说不定就按你的意思办啦。

（以上内容摘录于“燕家生活”公众号）

点评：

燕子呢喃依山民宿主燕子妈妈喜爱美食，而民宿所在地丹霞山有很多天然的食材，所以引发了她在民宿内推出只接团队订单的一天一顿的“燕子家宴”，尔后她又开了椿树厨房体验空间，与客人们一起互动做美食，通过公众号、小红书、微信、抖音等媒介分享美食做法、私家食谱，让美食变成了民宿的IP，吸引了很多为美食慕名而来的客人。这是一个成功将民宿主的兴趣爱好转化成民宿经营特色的案例。

三、摄影类

喜欢入住民宿的客人很多都热爱拍照，特别是女性客人，喜爱拍美图在微信朋友圈、小红书分享，也喜欢穿上美衣在民宿留下倩影。所以摄影也是民宿主或者民宿管家必备的一个技能。

案例三：深汕桃花源民宿

七夕，私奔到桃源专属于你们的时间。

人海浮沉，于千万人中与喜欢的人相遇相识，是前世修来的缘。

七夕，牵着手一起到桃花源看最美落日。这里的时光轻，轻得只听见你的心跳。

这里的世界小，小得眼里只有你。日子不急不躁，漫长也曼妙。

泛舟凤河，沉醉于夕阳西下。看红霞与白鹭起舞，流水共长天连绵，你看那白鹭成双对。

时光下午茶，制造惊喜。原先是一个人，以后的画面是我和你。

与心爱的TA，共进浪漫的户外烛光晚餐。鲜花、美酒、音乐……都准备好了。My Darlin，waiting for you。

入住桃花源度假房，享受浪漫露天浴缸。美酒星光、玫瑰花瓣，私密度假七夕，送你一个难忘的夜晚。

A 套餐 桃花源七夕·情侣浪漫白天休闲套餐

浪漫度假房（3 小时 / 次）

惬意下午茶体验（1 次）

专业拍摄记录桃源主题情侣照 15 张 1 组

挑选 1 张情侣照制作 8 寸实木相框（2 个）

赠送：

客房水果（1 份）

15 秒电子微视频（1 个）

套餐价格：2 位内 1880 元

B 套餐 桃花源七夕·情侣休闲度假基础套餐

度假美墅 1 套 1 晚

户外惬意晚餐（1 餐）

专业拍摄记录桃源主题情侣照 15 张 1 组

挑选 1 张情侣照制作 10 寸实木相框（2 个）

湛庐茶道馆休闲使用（1 小时）

桃源早餐（1 餐）

赠送：

15 秒电子微视频（1 个）

凤河渡船体验（1 次）

客房水果（1 份）

套餐价格：2 位内 2580 ～ 3080 元

C 套餐 桃花源七夕·情侣浪漫度假体验套餐

度假美墅 1 套 1 晚

房间基础浪漫布置（1 次）

精致主题蛋糕（1 个）

玫瑰花束（1 束）

户外惬意晚餐 + 布置生活美学餐桌（1 餐）

专业拍摄记录桃源主题情侣照 15 张 1 组

挑选 1 张情侣照制作 10 寸实木相框（2 个）

湛庐茶道馆休闲使用（1 小时）

桃源早餐（1 餐）

赠送：

15 秒电子微视频（1 个）

凤河渡船体验（1 次）

客房水果（1 份）

套餐价格：活动价：2 位内 3980 ～ 4480 元

（以上内容摘录于“桃花源慢生活”公众号）

点评：

桃花源民宿位于凤河流域最美的三江汇流处，桃花源艺术村里，可见到深汕最美山水风光“凤河晚渡”景色。而民宿的创始人“桃花岛主”，擅长油画肖像以及肖像摄影，是有名的肖像摄影师，所以民宿在其推广运营中充分将民宿主的肖像摄影特长与民宿所在地的优美风景结合在一起，推出了自己的摄影特色民宿，吸引了许多喜欢拍摄的人群过来度假摄影。也是一个充分将民宿主强项变成民宿特有 IP 的案例。

四、艺术类

许多民宿主或者民宿管家是学艺术出身的，他们会在民宿开班，教授书法、绘画、乐器、舞蹈等各类艺术课程，也会在寒暑假举办民宿艺术夏令营。

案例四：从化湖庐

湖庐夏日艺术季｜在山水间作画

关于绘画，不同的人面对它会展现不同的面孔和能量。

与世上所有的人类艺术一样，无论其材料工具手法方式如何变化，它终究是一个直达人内在的沟通桥梁，连接着人的心灵和万千世界。

于是我们拿起了笔。我们在画布上留下脑海里的印象，把它变成线条和色块，抽象或具象，寥寥数笔或浓墨重彩。呼吸着，笑着，画着，这一切都很自然地发生。

在湖庐，在树林之间，在隐秘山洞，在湖边码头，三位老师带你走进自然。他们都是老胡的学生，来自广州美术学院油画系，各有所长，有灵性，亦有才气，静静陪伴你感受绘画的独特魅力。

老王／小王

其实他有一个富有哲学意味的名字——王乾元，总令人想起近代著名翻译家王道乾。他身上亦确实有一股隐隐的学者做派和认真劲，为人相当踏实和实在。他的画面有一种淡淡的生活气息，扎实的功底上面承载着并不复杂的想法，去除多余的雕饰，平淡又真实。

“绘画恰好出现在我生活中，我就把它捡起来了，且一直延续至今。我用绘画记录着我的生活。”

在老王的课堂上，你可以感受到画画最简单的快乐，它不是一件把人拒之门外的事情。老王会跟你交流生活里再日常不过的情景，耐心引导着你将它描绘出来，就像邻居的大哥哥一样，有趣，生动，平易近人。

星宏

人如其名，他拥有如浩瀚星河般宏大的心流。师承老胡的自然体验流派，他认为绘画最重要的是讲究自然，总是鼓励学员发挥创造力和想象力，让画面内容忠于自我。不必拘泥于繁杂的技法，而仔细观察世间万物，并且用恰当的方式去描述和表达才是至关重要。

“希望不管是大人还是小孩，都能表现得更自然一些。要勇于打破自己的桎梏，开放自己的内心。”

他会把你带到大自然中，感受自然，识别草木，鼓励你直接用手去触摸植物的质感。生命在底下暗涌，宇宙的秘密尽藏其中。此外，在他眼里，绘画教学中角色转换无处不在。“老师”和“学生”之间没有绝对的界限，当老师的同时亦在做学生，这是一个相互影响、相互学习的过程。

松坚

遥远的高山之上，有赤脚行走麦田者，坚韧如松。他相信万物运转的自然规律，探索不同灵魂之间交流的可行性。他有绘画和音乐的双重加持，低沉而充满力量。他试图通过画面阐述事物之间的联系，既有的或未知的，真实的或想象的。他拥有作为一个观察者特有的敏锐和冷静。

“画画，只需要一张纸和一支笔就够了。重要的是，此刻你看见了什么。”

在松坚老师的课堂上，除了能学习基本的油画知识，还可以直接到他的工作室里，体验纯粹的创作氛围和感觉，近距离地了解真正的艺术创作到底是怎样的一个状态。

记录所见，美丽总是出现得那么猝不及防。

这个夏日，同我们一起，以湖泊为墨，以大地为纸，尽情挥毫，描绘眼中所见。

湖庐夏日艺术季｜自然绘画课程

油画基础技法讲解

油画创作及写生

老师全程指导教学

上课时间需提前预约

7、8 月份活动价格：330 元 / 位（原价：380 元 / 位）

（以上内容摘录于“湖庐”公众号）

点评：

湖庐的民宿主胡教授是广州美院的油画老师，整个湖庐民宿都充满了艺术气质。民宿管家们有好几位都是胡教授的学生，他们在工作之余除了进行作品创作外，同时也开班教客人油画写生，记录湖庐民宿周边的美景，专业性比较强。

五、身心灵活动类

现代人压力多，喜欢到山清水秀的乡村度假，放空自己，休养身心。很多禅修、瑜伽及身心灵课程也会在民宿开展。

案例五：广州慕吉云溪山居

颂钵之旅，来自秘境的声音，穿越雪域治愈你

成年人的世界，各有各的泥沼，表面看起来风平浪静，可能内心正在经历一场海啸。

人的情绪是需要平衡的，无论怎么掩饰那些负面情绪，身体都会诚实地回馈给你，那些郁结于心的情绪，会带来长时间的失眠抑郁。甚至有研究表明，70% 的疾病和情绪有关。

生命就是一个能量场，你如何滋养它，它就将如何回馈你。

如果觉得堆积的情绪已经太多
不如用一场颂钵音疗
敲碎情绪的坚冰
释怀所有郁积于心的情绪

颂钵是什么？

这种源自喜玛拉雅山区的西藏颂钵，采用当地七种金属及天然矿石，以喜马拉雅山的陨石烧熔提炼，再由手工凿击而成。

人体的70%是由水组成的，颂钵的频率经由水的共振特性，能达到人体需要的α、θ、δ波形，从而影响脑电波，使人进入深度睡眠。

颂钵能利用高频振荡排出体内重金属毒素，同时能平衡、调和人体的七个脉轮，调节身体机能。

现今不管东方的印度、尼泊尔、中国西藏，甚至西方世界，颂钵已经作为一种自然疗法深受肯定，普遍被用来做理疗、声音按摩、声音治疗和轮穴平衡。

颂钵怎么疗愈？

颂钵音疗，作为自然疗愈的方法之一，具有其独特的疗愈力。

颂钵没有节奏、旋律，但这些矿石会散发出天然的磁场，通过邈远、神秘的声音，让思绪和身体趋于宁静，归零重启，带给客人身、心、灵的健康愉悦和疗愈。

身体每个脉轮都有它最佳的运作方式，在音波的引领下，脉轮能

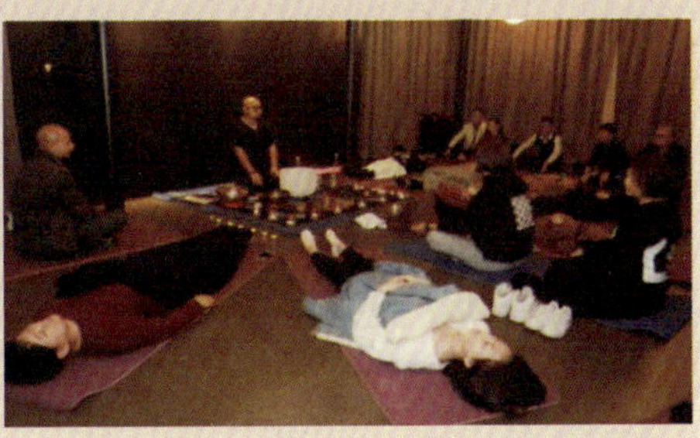

量开始流畅，潜藏在体内最深的生命力正在苏醒。

颂钵可以激发身体的自我疗愈机制，通过对神经系统的平衡与稳定，来消除负面情绪，缓解压力。

据老师说，每个人冥想的画面各有不同，有的在海边，有的在雪山，有的在湖泊。

我们采访了几位曾经在慕吉感受过颂钵疗愈的客人。

听他们说

“这里距离喜马拉雅山 4500 千米，但神秘的颂钵音疗，清音一响，仿佛穿越至神秘的雪域秘境。”

“心神慢慢安定下来，仿佛置身在云雾缭绕的竹林，远处古寺钟鸣，在随风起伏的竹海间沉沉睡去。”

“我有失眠和抑郁症，但每次疗愈过程都能很快地入睡，然后轻柔地醒来，整个人感觉特别宁静。”

“磨棒沿着颂钵的边缘摩擦转动，体验颂钵的声波震动，看到钵里的水仿佛有了生命一样跳动起来。”

颂钵体验

云溪山色空蒙，是疗愈的绝佳体验地。

颂钵音疗房位于溪边最雅致静谧的独立雅舍。

溪水潺潺环绕，山野间云雾笼着云雾，眼前是浓密成林的竹，窗外是绵密的云。

恬淡闲适，让人穿越至雪域胜境。去感知周遭万物，见天地见众生见自己。重塑自己的能量场，让内心变得平和而宁静。

月光温柔洒下，今夜好眠。

4.15 开始，预订慕吉云溪每间房加送 1 张价值 228 元的颂钵疗愈体验券。名额有限，请尽早预订。

（以上内容摘录于“慕吉私人酒店”公众号）

点评：

颂钵，属于声音疗愈的一种治疗方式，尚未广泛被人们认知，在国内一般是在瑜伽及身心灵领域才被了解。慕吉云溪山居算是首个将颂钵引入运营的民宿，而且选了临溪幽静的独立空间来让客人体验颂钵。客人体验非常好，颂钵成了一个吸引客人入住的特色服务。

六、乡村活动类

乡村有很多农活，比如插秧、耕种、收菜、摘果等，也有很多民俗传统，比如舞鱼灯、唱山歌、舞狮子、舞貔貅等。城市人特别是城市的孩子们很少接触这类活动，所以民宿在运营中组织这类农活或者民俗的体验活动会吸引客人们来参与，而且会让人乐在其中。

案例六：惠州禾肚里稻田民宿

插秧，是收割后必不可少的环节，也属于年复一年、季复一季（南方为二季或三季）的农事活动。

这种古老的体力活和智力活，有几千年的历史，现在已经逐渐演变成了纯机械化的模式，释放了人力，却也丧失了诗意。

孩子们来到禾肚里，可以在农家的带领下下水田、甩秧苗，可以欢唱美妙的歌谣：

水田是镜子，照映着蓝天，照映着白云，照映着青山，照映着绿树。
农夫在插秧，插在绿树上，插在青山上，插在白云上，插在蓝天上。

暑去凉意来，收割与秋获，飨食与新生。

禾肚里的农耕与二十四节气的仪式感体现在“稻田栈道观景”与“稻

田收割体验”，一个是静态的观感，一个是动态的浸入。现在都流行浸入式体验，把脚浸入稻田，把手浸入秋光，把心浸入乡野，便是身心的愉悦。

收割，是禾肚里每年的例行体验活动，有参与的乐趣，有观赏的乐趣，有发圈的乐趣，有品尝的乐趣。吸引的人群以亲子家庭为主，游人围满了栈道，成为稻田之上最靓丽的风俗画面，这也便是深耕禾肚里在地文化的持久张力。

这一季的稻田收割体验完成后，一部分新米被游客现场买走，毕竟都是“流着自己的汗，吃着自己的饭”，是很有生活价值的。另一部分则像往常一样，经过精挑细选，拿一些供应禾肚里餐厅的日常需求，拿一些精装成禾肚米摆上禾肚里游客服务中心的农产品集散地对外售卖。这也是大家推崇的“后备厢经济”，也称“带走经济”。

袁隆平有一个梦，叫作“禾下乘凉梦”：水稻有高粱那么高，穗子有扫帚那么长，籽粒有花生米那么大，大家高兴地坐到稻穗下乘凉。

这是一个美丽的梦想。

水稻像小树，稻穗像垂柳。进入稻田，就像徜徉在树林，漫步看景，坐下乘凉，天然一幅美妙风光。

但愿我们活在尘世，即便食不果腹，也要面朝阳光；即便俗世繁忙，也要诗意盎然，心怀坦荡。

不要吃得太饱，不要睡得太晚，回禾肚里就是回归故乡。

（以上内容摘录于“禾肚里稻田民宿”公众号）

点评：

禾肚里稻田民宿被稻田所包围，定位是鲜明的农耕主题特色。在种稻的两造期间，民宿会开展插秧及收割活动。其他不种稻的时间，民宿会在田里种上荷花或者扶桑花等，变成一个观赏性极强的景观。结合种稻的农耕主题，民宿也相应提供种菜、摘果、垂钓、土窑烤鸡等活动，让住客充分体验乡村特色。这是一个广东典型的富有乡村活动特色的民宿案例。

七、户外活动类

许多乡村民宿所在区域，森林密布，溪水环绕，风景优美，吸引了住客前去游玩入住。民宿也根据所在区域的特点开展徒步、爬山、溯溪、野炊、观星、户外鸟类或植物观赏等活动，充分利用民宿所在地的自然资源优势，增加吸引游客住店的内容。

案例七：惠州龙门爱树·天堂小镇

夜观流萤 | 珠三角地区最美赏萤季

萤火虫给古代诗人带来了许多灵感。据说李白五岁成诗，但这份天赋难以让人信服，遂有人以“萤火虫”命题，李白随口说出“雨打灯难灭，风吹色更明。若非天上去，定作月边星”，由此震惊四邻。杜牧的“银烛秋光冷画屏，轻罗小扇扑流萤”，亦是千古绝唱。

萤火虫也给现在的科学家们带来了不少启示。科学家已成功从萤火虫体内分离出荧光酶和 ATP，利用化学方法合成了荧光物质，制成了不需电源和灯泡的生物光源，在矿井、深水排雷等领域发挥了独特的作用，造出不辐射热的发光墙或发光体，对手术室或实验室非常方便。

科学家还设想将荧光酶测定 ATP 技术应用于癌症前期诊断，根据 ATP 的发光强度就可以诊断癌细胞的扩散情况。实验还表明，利用萤火虫的发光原理可以制成生物探测器，送入太空后，可以捕获地外生命的蛛丝马迹，为人类寻找地外文明做出贡献。

黑黑的天空低垂，
亮亮的繁星相随。
虫儿飞，
虫儿飞，
你在思念谁？

——《虫儿飞》

萤火虫在一些较偏远的山区还能零星看到，但很多地方因农药污染等问题，导致有“环境指标生物”之称的萤火虫几近消失。十多年来，这种小昆虫，在群体和种类数量上都明显降低，几乎从人们视线中消失。被称为“中国萤火虫研究和保护第一人”的华中农业大学植物科技学院副教授付新华经过调查发现，95% 城市孩子没见过萤火虫，几乎 99% 以上的农村群众都认为萤火虫是害虫。

爱树·天堂小镇是珠三角地区为数不多的赏萤胜地，长期倡导生态保育，对萤火虫的复育更是不遗余力。经过三年的坚持，每年 4—9 月，小镇区域内都会有大量的萤火虫出现，密度可以说是珠三角地区最高。

没有萤火虫的夏天是不完整的，大家对于萤火虫都非常向往。我们来一起看看广大网友与萤火虫的故事吧。

网友·说

以前小时候最喜欢追着萤火虫跑了。夏天来了，现在却很少看见。前几天晚上带女儿去轧马路看到一只萤火虫一闪一闪的，她可激动了，这是打出生以来她第一次看到萤火虫。从前随处可见的东西现在却变得如此稀有。

@琉璃黛玉

小时候，家里靠山，总是能见到很多奇奇怪怪的虫子。夏天的夜晚，让人印象最深的就是扑闪扑闪地亮着荧光的萤火虫，像是满天的星星掉落凡间。真好。现在再也回不去了。

@钟果倩

小时候，见过的世界不大，仅院子里的一方天地。但那时候，我见过夏天夜里满天数不尽的繁星，很璀璨；也见过周边围绕着的一圈圈的萤火虫，黄绿色的小“灯”，神奇至极。那是我眼里最美的风景，想着要能这样贪看一辈子，是多么幸福。

@君遥在

萤火虫曾是我儿时的梦。
时常在此地寻找，难见踪影。
当我回到家乡，
再满怀激动地去寻找时，
愕然发现无一点绿光。
我的心，我的梦，
随着萤火飘散，死去。

@谁的 mandy 仔

欢迎大家在我们的评论区留下你对萤火虫的思念和故事，为保护萤火虫发声。我们相信关注就是力量。萤火虫的浪漫，应该一直延续下去，它们的光不该消逝在你我手里。期待我们能和萤火虫互相陪伴，共同成长。

萤火虫的生命周期只有一年，在这一年中需要经历四个阶段：卵20天，幼虫10个月，蛹7天，成虫7—14天。对于萤火虫来说成虫是它的交配繁殖期，是非常宝贵的。

为了保护好萤火虫及这片栖息地，请慕名而来的伙伴们遵守以下约定：

1. 对大自然报以敬畏之心，在天堂小镇期间不要随意破坏野生动植物；
2. 节约能源，爱护环境，在天堂小镇期间不乱丢垃圾；
3. 减少光污染，赏萤期间严禁照明和手机光线，这样会干扰到萤火虫之间的发光求偶，影响它们繁衍后代；
4. 观赏萤火虫时不要捕捉萤火虫，并穿长衣长裤；
5. 停止不正确的萤火虫放生或者放飞展示；
6. 向朋友和家人宣传不要网上购买萤火虫，没有买卖就没有伤害。

心动不如行动，爱树·天堂小镇赏萤季活动期待您的参与。

（以上资料及图片摘自“itree爱树”公众号）

点评：

爱树的民宿主原从事园林景观工程业务，在民宿周边有樱花及百香果种植基地，他们一直提倡并执行生态种植及生态保育，种植基地内的生态环境也比较适合培育萤火虫。广东珠三角地区可以近观萤火虫的区域并不多，所以爱树花了3年培育萤火虫，成为广东为数不多的观萤科普基地，形成了自己独有的特色。

第二节 民宿的节假日活动

节假日期间，民宿一房难求。一般的民宿都会开展与节日匹配的各类活动，比如清明节包艾糍粑，端午节包粽子，中秋节做月饼、猜灯谜，过年包饺子或者油角等，与住客一起体验中国传统文化。

案例八：广州慕吉云溪山居

中秋三日

今为己亥年，仲秋之际。
山居依古树，古树却常青。
柴门不待风，小掩以待人。
三日之秋，
任凭彼岸风撒欢浸于漫山间，
如你。

此为中秋三日之筹。
一日之秋，
举杯邀明月，共度人间中秋。
二日之秋，
携眷周边游玩，看世间。
三日之秋，
日晒三竿而起，
享膝前承欢之乐，自是耍懒谈天的好时候。

三日之秋，唯第一日团圆至重。

第一日为中秋夜。

提灯走月，

着汉服，

戏水可逐花灯。

行拜月礼，

返古春秋会灯谜。

云溪山居 & 中秋夜

制月饼

地点：云心餐厅

时间：14:30—15:30

手作鱼灯

地点：手作坊

时间：15:30—18:00

放荷花灯

地点：水上包厢

时间：19:30—20:00

灯谜会

地点：清水平台

时间：20:00—20:30

舞鱼灯、赏月、赏烟花

地点：西广场

时间：20:30—22:00

己亥之年，
中秋夜有三愿：
一愿，承欢膝前；
二愿，候人得归；
三愿，眼前人为意中人。

（以上资料及图片摘自“慕吉私人酒店”公众号）

点评：

慕吉云溪山居在中秋节三天假期，节目安排得比较丰富。下午客人跟管家学做月饼后，继续学做增城区非物质文化遗产“鱼灯”。晚上安排了放莲花灯许愿，品尝自己下午做的月饼，猜灯谜赏月，篝火晚会舞鱼灯。节目丰富充实，大人孩子都喜欢。

第三节　民宿策划的比赛活动

民宿也可以联合当地旅游部门或专业协会、团队策划大型比赛，增加媒体曝光率，扩大影响力。例如举办摄影大赛、美食大赛等，民宿的房间可以作为奖品免费入住。

案例九：韶关丹霞山原色客栈艾糍节

（2019 年）

第四届艾糍节，除了延续创意艾糍体验、文艺表演、抽奖等固定环节外，更是推出人文摄影展、非遗巡展、百米长卷体验等特色内容。而且，本届活动只需网上报名，便可获得免费入场券，限前 200 名。

（2020 年）

一年一度的艾糍传统文化节，正是在这暖意融融的时节来临了，今年的艾糍节的主题是：爱在丹霞，幸福传承。

经历过疫情的人们，最向往的，莫过于战胜病毒后的平凡日子；最期待的，便是这平凡日子里的小小幸福。而仁化，也正是这平凡世界里的一座小城，生活在这里的人们，也都是平凡世界里的一粒粒种子。希望我们都能享受到人世间的温暖。

家庭照片评选征集时间

照片征集（3 月 11 日～4 月 5 日 18 点）

“丹霞原色生活”公众号投票（4 月 6 日～4 月 10 日 22 时）

“丹霞原色生活”公众号公布获奖名单（4 月 11 日上午 10 时）

征集报名事项

1. 关注“丹霞原色生活”公众号，转发此篇文章。

2. 再将自己的家庭生活照片（单张或组照都可）取好名称，发送给“丹霞原色生活”。

3. 原色生活会视作品的质量及照片与幸福主题的契合度，在海选作品中优选 20 个（组）作品，进入下一轮的投票环节。

4. 进入投票票数前 13 名的选手，结合作品质量，优选出前 3 名，其余 10 名为优秀奖。

5. 报名咨询请关注微信：××××××。

注：组照和单张照片，均视为一个报名作品；报名作品需要原创、清晰、大尺寸，像素较差的照片视为无效报名；报名请留微信（必留）和电话，未留联系方式视为无效报名。

千人作画活动

评选奖项

优秀奖：

客家非遗手工艾糍1份，原色客栈房券1张。

三等奖：

1000元旅行基金，客家非遗手工艾糍1份，原色客栈房券1张。

二等奖：

2000元旅行基金，客家非遗手工艾糍1份，原色客栈房券2张。

一等奖：

3000元旅行基金，客家非遗手工艾糍1份，原色客栈房券3张。

注：名单公布后的3天内，会有专人联系颁奖事宜，奖金会代扣个人所得税后发放，奖品会在一周内邮寄，3天内未联系上的获奖人员，奖品和奖金作废。

节日活动安排

一、线上活动

1. 暖暖的幸福，家庭照片评选征集（3月11日～4月5日）。

2. 非遗传承，艾糍制作工艺网上课堂（3月20日～4月5日）。

千人做艾糍粑活动

（1）传统艾糍制作（3月20日上午10时）；
（2）艾草香囊手工制作（3月25日上午10时）；
（3）艾香坚果条制作（3月30日上午10时）；
（4）艾香米饼制作（4月5日上午10时）。
二、直播活动艾糍文化节活动（4月11日上午9时）
届时会在抖音、斗鱼、快手平台上进行直播。
（1）民俗风物展；
（2）客家+非遗文化静物展；
（3）亲子家庭制作艾糍及创意艾糍；
（4）传统艾糍及创意艾糍制作展示。

主办单位：仁化县文化广电旅游体育局
承办单位：韶关丹霞原色生活文化旅游发展有限公司
协办单位：仁化县客栈民宿协会、韶关市客栈民宿协会

（以上资料及图片摘自“原色生活”公众号）

点评：

原色客栈的主人阿宇和阿WING两夫妇是服装设计师，2016年他们和北京摄影作家李双喜一起回到家乡用自家房子做了民宿。阿宇喜欢咖啡，阿WING擅长做糕点。清明时节，客家人都有做客家小吃艾糍的习俗。于是他们结合民宿发起了“艾在丹霞”的传统文化节，让游客来体验当地人文风俗，一起参与制作传统艾糍。从2016年开始做第一届，到2020年已经是第五届了。每届艾糍节除了艾糍创意体验外，还设计了不同的主题，不同的创意活动，包括人文摄影展、咖啡冲泡大赛、文创产品展等。参与人数也在不断地增长，由第一届的300人左右到2019年已逾上千人。2020年由于疫情，他们改用了线上直播的方式来开展。原色客栈也因此而申请了艾糍传统技艺非物质文化遗产项目。

第四节　客人定制活动

许多客人会选择民宿来举办生日晚会、结婚纪念仪式或者订婚仪式等，甚至会在民宿内举办婚礼。这类的活动客人会有个性化的定制需求。民宿管家需要在日常储备定制蛋糕、鲜花供应的信息，同时要学会布置房间及场地的技能。在与预订客人的沟通中了解到客人的入住目的后，虽然客人没有特别要求，但民宿管家也应该稍微布置一下房间，准备一份小礼物，给客人一个小惊喜，加深客人对民宿的满意度。

纪念日房间布置

餐厅生日晚宴布置

民宿婚宴布置

（图片由广州慕吉云溪山居提供）

第八章
民宿的营销推广

⊙李超

众所周知，营销的目的是创造效益，没有良好的营销策略和手段，就没有良好的业绩。因此，充分把握市场，加强营销渠道，才会拓展更大的市场，创造更好的经营效益。那么，民宿营销推广有哪些渠道？如何有效利用宣传推广平台扩大自家民宿的品牌影响力？

第一节 传统媒体

传统媒体包括电视、广播、报刊以及户外广告等，以往传统媒体是最受欢迎的营销渠道之一。然而，随着互联网的发展，在互联网的巨大冲击下，传统媒体投放的转化率一降再降。对于小规模和小体量的民宿来说，可以借力政府、民宿社团、行业协会或新闻媒体等，传统媒体投放的性价比远远小于网络渠道，所以一般情况下不建议使用。

第二节 新媒体

新媒体渠道主要有各大门户网站的旅游相关板块。利用腾讯、网易、搜狐等门户巨头的旅游板块进行营销也是一种方式，因为它们已经为你做了市场细分，可以直接吸引兴趣人群，辐射到更多目标客户。新媒体渠道的转化率虽说大于传统媒体，但是在所有营销渠道中，它的性价比不是最高的。对于小体量的民宿来说，在宣传推广资金有限的情况下，还有更好的选择。

一、新媒体营销的主要渠道

1. 腾讯系

有朋友圈、微信订阅号和服务号、小程序、微视、微信社群、QQ 空间、QQ 邮箱、QQ 群、兴趣部落等几个主要媒体产品和传播方式。粉丝可以通过推送和互动来推动，包括文本、语言、图片、视频等。由于 QQ+ 微信十几亿的庞大月活用户基数，传播效果遥遥领先于其他渠道。

2. 头条系

有今日头条、抖音、火山小视频、西瓜视频、悟空问答、皮皮虾、图虫等数个重量级 App，基本实现账号互通、粉丝共享，极易打造数百万粉丝的个人 IP。

3. 阿里系

主要以新浪微博和 UC 为主，较微信更为开放，互动更加直接，推送不受数量和时间的限制，形式多样，并且因其开放性而容易造成爆炸式的传播效果。一大批拥有众多粉丝的大 V 在微博上成长起来。其他适合新媒体营销的还有优酷、土豆、淘宝、闲鱼、支付宝等。

4. 百度系

有搜索引擎、百家号、贴吧、百度知道、百度百科、百度文库、好看视频等。

二、新媒体营销的主要类别

1. 社交类

小红书、陌陌、探探、知识星球、豆瓣、猫扑、人人、天涯等社区，这些 App 有其对应的用户群体，站内也有多种玩法，例如豆瓣日志、豆瓣小组等，在一些领域也具有良好的纵深传播效果。

2. 问答平台

有知乎、分答、悟空问答等平台，这些平台重视内容本身，在站外搜索引擎上的权重较高，常形成用户分享信息的发源地。

3. 视频网站

优酷、爱奇艺、腾讯视频等传统视频网站和斗鱼、虎牙为代表的直播类 App，品牌可以直达用户，更好地与传播内容相融合，并且可以通过弹幕等方式及时获取用户反馈。直播平台已经成为草根网红诞生的摇篮。

4. 短视频

以抖音、美拍、秒拍、快手、微视等应用为代表，由于短视频符合受众的大脑接受和新媒体使用习惯，现在以抖音为代表的短视频平台开始在年轻人中流行。

5. 资讯类

一点资讯、搜狐新闻、凤凰新闻、网易新闻等。

6. 其他

搜索引擎类、喜马拉雅等广播类。

三、新媒体营销的传播模式

新媒体营销的底层逻辑是通过新媒体平台，把以内容和活动为具体呈现形式的商业策略传递给目标用户。新媒体营销模式主要有以下几种。

1. 事件营销

借助当前流行的或公众关注的热点来开展营销，也可以策划事件进行营销，以吸引公众的关注。

2. 病毒式营销

病毒式营销实际上允许广告像病毒一样通过公共网络传播，让用户快速地复制，以达到广泛传播。一般网络营销都是使用这个方式，这是进行品牌推广的好方法。

3. 知识性营销

用多种方法和途径，让产品对目标消费者有用的知识传播出去，可以是产品知识、研究成果等，有效地让潜在消费者知道，最终产生购买行动。

4. 情感营销

打感情牌，通过包装、广告、公关、口碑等传播方法，把消费者个人情感和企业品牌情感营销完美结合，让消费者产生一种心理认同感。在情感消费时代，消费者往往不在乎商品的数量多少。它是一种情感满足和心理认同，容易引起共鸣，得到消费者的认可。

5. 互动性营销

抓住消费者和自身的共同利益，将双方通过巧妙的沟通方式和适宜的时机紧密结合起来。它可以带来这样一些好处：重复购买、支撑关联销售、建立客户忠诚、顾客利益最大化。

四、新媒体营销的推广思路

1. 产品思维

把产品做成内容传播，把内容当作产品来营销。优质的民宿本身是具有内容属性的，比如它的设计、它的服务、它的景观，都可以包装成内容进行营销。

2. 用户思维

用户已经不再是以前单方面被动接收信息的群体了，他们希望更多地参与到传播的过程当中，更强调传播的互动性和双向性。比如民宿抽奖试睡、转发点赞等，都是以用户参与为营销的基石，进而形成二次传播。

3. IP 思维

通过核心价值观的树立打造属于自己的 IP，如楠溪江边的墟里民宿，营造的就是陶渊明笔下“暧暧远人村，依依墟里烟”的乡居生活。

4. 流量思维

新媒体的最大优势在于可以以很少的投入获得巨大的流量，为小品牌的发光发热提供了天然土壤。

第三节　OTA 平台

想要经营好你的客栈民宿，除了设计风格、优质的服务以及好的用户体验之外，还需要怎样才能将自己的店完美地呈现在客人面前呢？ OTA 平台已经成为最为简单、直接、有效的营销渠道，也是民宿营销渠道中性价比较高的，非常推荐民宿主们选择。市场上最多见的 OTA 平台有携程、艺龙、去哪儿、美团、同程、驴妈妈、途牛、飞猪等，还有专门针对民宿的 OTA 平台 Airbnb、小猪等，这些都是大家耳熟能详的。以上任何一家 OTA 的传播能力都不可小觑，都能为民宿带来大量的订单。此外，重视攻略类平台，它们对民宿入住率的提升也有显著的效果。

销售渠道是连接客人与民宿的通道，是民宿的生命线。建设好销售渠道并能够对销售渠道进行推广，民宿才有可能获取更多的客流。客人浏览页面的时间可能仅仅几秒钟，在这么短的时间内，想要打动客人，就要在图片、信息、价格体系等上面做优化。一张漂亮的首图，一个让人印象深刻的名字，一个合理的价格，都有利于提高转化率。

一、首图信息展示

客人浏览页面的顺序一般是从上到下，从左到右。首图信息位于客栈民宿信息的最左边，是客人首先会看到的信息，所以首图直接影响到点击转化率。

1. 选取首图的三个关键词

色彩：首图色彩要饱满丰富亮丽，色彩搭配数量三种左右，切忌选用色彩灰暗的图片。

角度：首图展示通常以整体和局部为主。

卖点：民宿中具有独特性或者稀缺性的特点。

2. 精选图片

注意上传图片的分辨率、尺寸、分类、上传顺序，以及内存大小、规格。图片规格 400mm×300mm，图片文件大小在 5M 以下。

二、价格体系

价格体系要层次化、立体化，两头轻（低价和高价少），中间重。价格波动范围与客人心里预期价格波动范围一致。

三、预订率

预订率 = 搜索率 × 转化率—取消率。

由上面公式可以看出，一家客栈民宿的预订量多少取决于三个要素，即 OTA 排名、转化率及取消量。搜索量转化率越大，取消量越小，民宿的预订量越多。

四、影响 OTA 排名的因素

影响客栈民宿在 OTA 中排名的因素有很多，包括：销量，点评，及时确认率以及拒单率等。

（1）销量：同一时期内，销量越多，越有利于排名靠前。

（2）点评：点评数量越多，分数越高，越有利于排名。

（3）订单确认速度：从消费者下单到客栈确认接单之间的时长。

（4）与网站的深度合作：如携程的金银牌商家、去哪儿的金冠商家、艺龙的龙冠商家。

（5）信息完整度：客栈民宿信息的完整率越高，排名越靠前。

（6）活动参与度：各大 OTA 上“机 + 酒”“景 + 酒”及各类促销活动，积极参与此类活动。

（7）佣金：一般来说，佣金越高，排名越靠前，但是佣金对于 OTA 排名影响不是很大。

（8）保留房数量：保留房是 OTA 直接可以确认给客人，无须经过民宿同意。民宿设置一定比例的保留房给 OTA，从而提高预订率及排名。

（9）拒单率：及时掌控房态信息，尽量不要出现拒单情况。

五、影响转化率的因素

转化率包括两个部分，即点击转化率和订单转化率。

1. 影响点击转化率的因素

点击转化率是指浏览同一页面时，客人点击进去的概率。

（1）首图：首图越吸引人，点击进入页面概率越高。

（2）基础信息：名字、级别、地理位置、优惠信息等。

（3）评论分数及评论总量：评论总数越多，分数越高，客人认可度越高，转化率越高。

（4）最新预订情况：最新预订时间与搜索时间越近，越有利于提高转化率。

（5）最低价格：最低价格符合客人心里预期价格。

2. 影响订单转化率的因素

订单转化率的高低决定着订单预订数量。

（1）图片质量：上传高清图片，构图要美观。

（2）房型：房型名字、图片、各个渠道价格。

（3）设施概况：简介、接送服务、设施服务。

（4）点评：点评分数及差评占比都会影响转化率。

（5）预订流程：淡季期间，取消限制条件，如全额担保。

六、怎样减少取消量?

取消量包括网上取消量及有预订实际未到量。

（1）制定取消政策，旺季时提高取消门槛。

（2）及时确认订单。网络订单一般会通过多种方式提醒，如电话、邮件、短信、微信、后台提示等。收到提醒后，第一时间根据房态信息进行确认。

（3）订单确认后，及时打电话和客人沟通，解答客人疑惑。

（4）客人到店前一天，再次联系客人。如有取消，立即开房再卖，减少损失。

第四节　自媒体推广

自媒体是私人化、平民化、普泛化、自主化的传播者，以现代化、电子化的手段，向不特定的大多数或者特定的单个人传递规范性及非规范性信息的新媒体的总称，又称“公民媒体”或“个人媒体”。新浪微博、微信公众号、今日头条、抖音、快手、小红书、知乎等这些都是自媒体平台。

自媒体平台的推广一般有两种选择。一是自创品牌。自创品牌是一个漫长的过程，需要一定的时间进行内容建设、品牌沉淀和粉丝积累，一般情况下短期内见效甚微，但它的优点恰恰也正是在于长期的积累。我们将时间轴拉长来看，经过一定时间的品牌建设，品牌自有的自媒体平台一定是粉丝忠诚度、回头率较高的，且宣传费用投入较低。二是与头部网红进行推广合作。利用网红的粉丝影响力、内容的传播力，可以在极短的时间内让受众产生购买的想法，投入产出比会高很多，适合用于短期性、集中性的营销推广。

民宿到底该如何选择推广渠道，这取决于民宿的定位、体量、核心内容包装后的形式和资金实力。对于体量、规模不大的民宿来讲，不建议所有渠道都涉及，要将有限的资源投入到少而精和出效果的平台中，找到适合自己的方式。

此外，要树立“服务即营销，营销即服务”的思想，在营销工作做得出色的同时，要保持优质的服务水平，才能让你的民宿有更长远的发展。下面就以最热门的朋友圈推广和抖音推广为例着重介绍民宿的营销推广。

一、朋友圈推广

广义上的朋友圈可以理解为社会交往当中的朋友圈，主要是指因观点、行为或其他特征，经常在一起、有较高相似度的群体，如球友、车友、牌友等。在现实生活中，以面对面沟通形式为主。狭义上的朋友圈指的是微信朋友圈，现实中的人际关系网借助互联网和微信平台突破时间和空间的限制而建立的虚拟人际关系网或者虚拟社区。

1. 添加用户微信

客户 OTA 线上预订成功后到退房离店，这个过程管家要积极添加客户的微信。

场景一：一般情况下线上订单确认后都会提供客人的联系方式，可搜索手机号来添加客户微信。有些房态管理软件支持一键发送问候短信，建议不采取这种机械化的操作，而采用添加微信，在微信中问候的方式，这种方式客户一般均会接受好友添加。如果手机号码并没有绑定微信则可以采用以下策略。

场景二：客人到店后主动添加，方式多种多样。比较推荐的是办理入住后就添加，然后发给客人民宿所在地的游玩攻略（事先准备）。一来增加服务的好感度，二来避免游玩过程中因其他事情影响客人的心情。

场景三：如果以上均不能添加到客人微信，让客人关注民宿公众号。切勿以为在每个房间摆个二维码客人就会主动来扫码，任何多一步的操作都会降低关注的成功率。公众号有扫码连 Wi-Fi 的功能，不用认证的订阅号就可以实现。客人想连民宿 Wi-Fi，就须关注民宿的公众号。

场景四：采用智能家居系统的，公众号可定制开发，手机关注公众号扫码开门。

综上，单体非网红类民宿，店内二维码可以放置两个，一个是民宿管家的联系方式，一个是扫码连 Wi-Fi 的公众号，具体何种载体，可以根据软装环境综合考虑。

2. 朋友圈发布内容

第一层次：打折、促销信息等刷屏广告。如：本周末还有 × 间空房，现在预订享 × 折优惠。一发还好几遍，这样效果一般，客人不会因房间价格是原来的 7 折而专门去一次的（网红民宿除外）。此外很多民宿主或管家运营的时候兼职微商，售卖一些农产品和当地特产，这本无可厚非，但是客人的朋友圈被你的产品刷屏，被拉黑的可能性极大。

第二层次：反复发布相同内容的文字或图片。此类民宿主缺少素材，前期或许有专门拍摄的图片，想一劳永逸，简单的文字介绍+九张配图。这样做可以加强客户记忆，但是对新老客户的吸引不足。

第三层次：文艺的文字+配图，以及一些日常民宿生活经营中有趣的小事，让客人感受到民宿主或管家是个真实的人，有品位、有调性的人，成为让人喜欢交往的人，而不是除了促销就是广告的生意人。用一句话描述就是让民宿主或民宿管家的日常成为客人向往的生活方式。

3. 推送次数和时间点

对于微信朋友圈广告的推送频次，一般一天不宜超过 2 次。频繁地刷广告并不一定能起到很好的传播效果，反而有可能会造成排斥感。对于推送的时间段，大多人群偏向于 18—21 点，这个时间段一般是人们工作之余（下班途中或休息时间）。

二、抖音短视频

自 2018 年开始，抖音带火了一批批品牌、带火了一个个城市。自从看了抖音，想去重庆坐轻轨，想去厦门吃冰激凌，想去西安喝摔碗酒，想去哈尔滨吃胡同里，想去郑州喝占卜奶茶，想去冰岛看北极光，想去稻城亚丁看雪山……抖音也带火了一家又一家民宿、酒店、度假村。无数的网红民宿都在抖音获得了巨大的曝光，成为小姐姐们趋之若鹜的“网红”打卡点。那么民宿如何进行抖音推广呢？

1. 适合抖音营销的民宿类型

（1）自然景观绝佳，如全景民宿、海景别墅；

（2）空间场景多，装修风格独特，如星空泡泡屋；

（3）特色非常鲜明，如树屋、洞穴类本身自带流量属性；

（4）可发掘的细节，如智慧型客房的自动窗帘、自助机器人等；

（5）有高颜值、多才多艺的民宿人；

（6）有可爱或者特色的宠物。

2. 适合发抖音的民宿内容

具体如茶、花、禅、美学、美景、建筑、文艺、生活方式、宠物、小姐姐、老板娘、泳池、壁炉、山水、癖好、故事、客人、细节等都可以成为民宿短视频内容很好的素材。

（1）主打宠物。如果你的民宿里有宠物，那么不妨试着将它们打造成网红；如果民宿暂时还没有宠物，不妨看看目前抖音上新上位的具有网红潜质的宠物有没有适合自己民宿风格的。

（2）主打情景。以民宿作为场景，拍摄系列有主题又搞笑的 Vlog，目前这类视频非常风靡，这需要优秀的团队制作，剧本都是网络日常梗。

3. 抖音的基础玩法

今日头条 5 大产品是打通的，今日头条、抖音短视频、西瓜视频、火山小视频、悟空问答。要注意黄赌毒、低俗、垃圾广告、侵犯版权等内容不能发布。抖音的分发机制是今日头条的翻版，通常来说，其先后顺序依次是：消重机制、审核机制、特征识别、推荐机制和人工干预。

（1）消重机制：就是消除重复视频，如果你的视频是别人发过的，那么被推荐的可能性会降低。

（2）审核机制：抖音跟头条一样，审核也分为机器审核和人工审核。一般都是机器审核为主，人工做一些机器无法判断的审核。审核一般是审核视频内容、视频描述、标题。主要审核是否有敏感信息、是否有二维码、电话、链接等。抖音的审核，跟其他视频审核一样，都是把视频还原成一帧一帧的图片，然后识别图片上是否有违规内容，识别准确度高达 99.5%。在机器审核的算法中有一个拦截库，视频发布上去后立即进入审核状态，机器自动比对视频标题、内容是否跟库里能匹配上，如果能匹配，那么就不通过审核。

（3）特征识别：当视频通过了审核以后，抖音系统会根据视频的内容和标题，对这条发布的视频打标签并匹配相关的用户人群，准备推送这条视频给这部分人群。

（4）推荐机制：抖音的推荐机制和头条号非常类似，都是根据用户的兴趣标签来推送的。发布短视频后，平台会给予部分曝光量（比如100个人），通过用户的点赞、转发、评论，平台得到数据反馈。如果反馈好，就会进一步曝光，给予更大的浏览量和曝光量（比如3000个人）。如果二次曝光得到的反馈还是不错，平台会继续给予曝光量，这种形式属于递进式算法。除了抖音本身的推荐机制，还有另外一个机制叫作互联网大数据。这个机制会把用户手机的数据记录下来，通过云数据算法，在各个平台向你推荐相关的领域内容。

4. 民宿视频的拍摄技巧

（1）制造强烈的反差感，打破用户的已有认知，颠覆传统的酒店住宿业态。

（2）钩住用户的猎奇心理，让用户产生转发朋友圈的冲动。

（3）降低民宿小视频拍摄的门槛，提高用户的参与感，形成“自来水”的二次传播，即UGC，可以理解为撬动用户为民宿生产内容。抖音上很多刷屏内容并不是民宿或酒店官方发布的视频，而是用户随手拍摄的，“有心栽花花不开，无心插柳柳成荫”是小视频运营的最佳体现。

5. 营销目的切忌太明显

任何用户对于明显广告性质的视频都是反感的，甚至会有被举报的风险。一些官方的酒店、民宿号，缺乏创意性和趣味性，更多的是为了对民宿进行宣传，趣味性太低。

6. 让用户愿意看完

对于不同的行业、不同的用户，短视频承担着不同的角色。总结来看，短视频对于用户可以归结为情绪减压阀、消费风向标、生活小助手、知识聚合器四种角色，而民宿类短视频主要功能是前两种。

（1）情绪减压阀：缓解压力，放松心情。快速的生活节奏让生活压力不断增大，闲暇时间，看一段幽默的短视频，或者跟着视频去旅游一番，可以放松心情，舒缓压力。

（2）消费风向标：追求品质生活。短视频承担着消费者获得消费、生活方式的灵感和启发，而美食、旅游、美宿为代表的生活方式类短视频内容，不断激发着用户对品质生活的向往和追求。

7. 适合民宿类小视频的广告投放形式

（1）对于有一定预算，特别是以销售客房为目的的连锁型民宿、精品民宿，建议以投放信息流广告为主。

（2）和大 V 合作进行广告投放。

（3）DOU+ 速推。

（4）民宿抖音小程序。

8. 民宿类抖音号存在的问题

（1）没有思想，以自拍、日常、花草、风光、宠物等内容为主，有画面无情节。

（2）缺少主题，什么都想拍，什么都没拍好，一个账号包含多种题材的内容。

（3）创意不够，视频太普通，根本达不到传播的标准。

（4）缺少拍摄技巧，太过随意，画面毫无美感。

（5）无后期，基本是拍好就上传，很好的视频素材也被浪费。

（6）BGM 不协调，采用原声或者插入的 BGM 太随意。

9. 拍摄内容建议

（1）利用民宿的窗户慢慢推出去取大自然的美景。

（2）记录小细节，比如春天小草发芽，夏天百花齐放，秋天落叶纷纷，冬日白雪皑皑。

（3）你的第一支 Vlog，可以从简单地记录一天的日常开始，即将一天当中所经历的事情按照时间顺序呈现出来，比如起床、洗漱、吃早餐、晒太阳、撸猫、接客、喝茶……

（4）在拍摄之前，最好写一份简单的拍摄脚本，将自己头脑中大概的画面内容写下来，这样不至于在拍摄的时候毫无头绪导致后期素材太多难以剪辑。可以加入一些空镜头，比如天上的云、屋檐的水滴、院子里的猫，或是你目光所及的任何东西，它并不需要表达一定意义，只是让整个场景看起来更加的充实。尝试不同角度，一个对象可以用至少 10

种不同的角度和方式来拍摄，比如仰角、俯角、微距、大仰角、正面拍摄、侧面拍摄、长焦拍摄、大特写、广角拍摄、长焦镜头特写、广角镜头特写等。学会讲故事，目前民宿的故事主要以图文的形式在公众号宣传，可以尝试用视频语言讲述民宿故事。

第五节　其他营销推广

一、推广形式

1. 地图标记推广

地图导航已经成为出行必备 App。民宿也要去几个常用的地图 App 标记位置，方便旅客更好地找到目的地。

2. 品牌包装推广

可以通过新闻发布、旅游线路的形式，结合民宿的基本信息、优势卖点去编写原创软文，发布到媒体网站上，让潜在客户在互联网上找到、了解和认识民宿。

3. 精准引流推广

很多游客到了一个旅游景点，不知道哪里有民宿酒店，就会到百度上查：×× 附近有没有民宿酒店？ ×× 民宿酒店哪家好？等等。那么，民宿就可以通过软文营销渠道，我们围绕大量的这类关键词去编写软文，发布到收录好的媒体平台，把这类词做到百度前面几页。这样一来，潜在客户搜索关键词，就能找到民宿，进而实现成交。

二、建立适合民宿的 UGC

1. 寻找第一批用户

真正愿意为民宿生产内容的用户不到 2%，很多 OTA 用户退房后都懒得对产品做出点评，更难说主动为民宿拍摄一段视频了。民宿运营初期找到一波“天使用户”就是最关键的工作，直接决定了产品的生死。通常最有效和最常用的方法是“邀请制”试睡、试餐等，例如很多有条件的民宿或酒店在试营业阶段会邀请 KOL、试睡员或自媒体达人试睡，并要求在其圈子内推广。

2.UGC 激励：引导客人

（1）精神激励：让民宿成为社交货币，满足客人的社交刚需。

（2）物质激励：让用户（住客）为民宿生产内容，比如发布一条合格的抖音小视频打 9 折，阅读量达到多少打 8 折，粉丝超过多少打对折等。如果成功建立了 UGC 机制就会产生连锁反应，不断延长传播热度，推广才会走向正循环。

第九章
民宿创意产品

⊙徐灵枝

第一节　民宿创意产品的开发背景

一、国内旅游创意产品开发热潮

在“创意产品”“文创产品”开发之前，国内旅游市场上销售的产品称为“旅游纪念品”。在过去的很长一段时间内，国内的旅游纪念品一直存在品质低、全国景区雷同的问题，完全不能满足游客对旅游购物、文化体验的需求。近年来，文化和旅游主管部门、景区经营主体等均意识到这个问题的严重性。在政府部门的引导、景区经营主体的积极创新下，国内掀起了旅游创意产品的开发热潮。例如故宫博物院积极创新，将故宫的文化融入生活美学，开发了生活用品、办公用品、家居陈设、游戏等多样化的创意产品，在国内外产生了很大的影响。故宫笔记本、手机壳、书签、口红、耳饰、包、水杯等创意产品广受欢迎。截至2018年12月，故宫文化创意产品研发超1.1万件。在2017年，故宫文创产品收入达15亿元。

二、民宿行业的兴起与独特属性

国内民宿产业从2015年发展至今，已经开始超越原来的住宿属性和旅游配角的地位，成为多地旅游的一种核心吸引力，甚至成为一种专项旅游。在功能方面，民宿突破单一的住宿功能，朝着特色住宿体验、美食餐饮、休闲体验活动、创意产品购物等复合型功能发展。

此外，民宿的“情怀”属性，使民宿的在地化成为民宿区别于传统酒店的核心特色，主要体现在将地方文化、城市气质、地方生活方式等融入民宿的建筑设计、室内装饰装修，以及住宿、美食、创意产品开发、文化体验活动等产品和服务当中。民宿成为对地方文化进行展示、体验、创新、活化的平台。

在此发展背景下，“民宿 + 创意”开始融合发展，民宿创意产品应运而生。

第二节　民宿创意产品的定义

民宿创意产品是指以民宿为开发、推广和销售平台，以当地文化或民宿自身文化为内涵，经过创意开发设计，形成具有市场价值的产品。民宿创意产品区别于一般旅游商品具有四大特征。

一是文化性。民宿创意产品表现出不同于其他地方的在地文化特色或民宿自身文化特色，避免与其他地方的旅游商品出现同质化。同时，向消费者与大众传递一种特有的文化内核与精神，增加消费者对商品产地的兴趣。

二是创意性。民宿创意产品表现出与传统旅游商品不同的、独到的设计美感和特色，体现出对于产品设计的工匠精神。民宿创意产品可借鉴其他创意产品的开发，却不能“直接拿来”，而是挖掘自身文化特色和优势，探索新的创意设计，注重与现代时尚和创意的结合，开发出自己独有的创意产品，赋予产品新的生命和活力。

三是实用性。传统的旅游商品，以“摆设”功能为主。而创意产品注重产品的实用性，将文化和创意应用到吃、穿、住、用等日常生活用品的设计上，赋予产品更高的使用价值，贴近生活，服务于人。

四是品牌性。民宿将自身品牌的文化特色、视觉形象、气质与创意产品形成统一的设计风格和特征，消费者更容易对该民宿品牌的创意产品形成认可和消费偏好。优质的创意产品本身也会形成品牌效应，产生用户黏度，促进民宿品牌的传播和推广，强化民宿品牌建设。

第三节　民宿创意产品的类型

民宿创意产品包含了地方土特产、创意工艺品、文化衍生品等众多类型。

地方土特产：地方美食、特色农产品或加工制品。

创意工艺品：民族工艺品、民俗用品、民间艺术品、首饰、雕塑、钱币卡、古家具、古玉器、陶瓷、刺绣、金属器件、砖雕、木雕、玻璃制品（饰件、摆件、挂件）、文物复制品、文房四宝等。

文化衍生品：包含当地文化衍生品和民宿文化衍生品。提炼当地文化或民宿文化品牌的符号和内涵，并将其应用于文化礼品、生活用品、办公用品、家居饰品等。

第四节　民宿创意产品的意义

一、丰富民宿产品，增加民宿收入渠道

民宿以提供特色住宿产品为主，但是目前很多民宿开始提供餐饮、特色商品销售、导游服务、交通接送、文创活动或体验项目等额外服务。民宿将创意与当地特产、当地文化相融合，开发创意产品，提升产品的附加值，丰富民宿的产品体系，突破单一住宿产品的局限性，增加民宿的收入渠道。

同样的旅游商品，生产成本可能相差无几，但价格可能相差多倍。创意设计在一定程度上影响商品的市场价格，创意越强、文化性越强，产品附加值越高，价格就越高，且能够受到消费者的喜爱。好的创意产品甚至能够让消费者在回家后进行多次反复购买。

二、弘扬当地文化，赋予产品文化灵魂

民宿创意产品挖掘当地的美食、历史、艺术、民风民俗等文化内涵，将文化与创意设计相结合，碰撞出具有当地文化符号、有设计美感的创意产品。产品被赋予文化灵魂，展示了不同地区、不同民族的文化特点，促进当地特色文化的推广、创新和传承。民宿创意产品能够满足游客对于文化体验的需求，让游客把当地文化带回家，延长文化体验感。

三、将文化生活化，提升游客生活美感

民宿创意产品重视创新性、文化性和实用性的统一。创意产品让文化不再是锁在展柜里、高高在上、摸不到带不走的文物或展品，而是将具有上百年、上千年历史的文化，变得时尚、变得现代、变得实用，融入生活，甚至成为潮流，成为“网红”。文化、创意设计与生活的结合，让民宿创意产品走进游客的日常生活，提升游客生活品质和美感。

第五节　广东民宿创意产品案例

广东民宿创意产品的开发目前尚处于初级阶段，品牌创意产品较少。其中具有代表性的有慕吉荔枝冰酒、看见海手工海胆水饺、爱树心物、原色洛神花山野礼盒等。

一、广州・慕吉荔枝冰酒

“岭南名果＋先进技术”的融合创新

慕吉民宿位于广州市增城区，旗下有慕吉山居、慕吉水居、云所等系列民宿，同时推出“慕吉优品”系列创意产品，包含慕吉荔枝冰酒、墨红玫瑰花茶、花酿、慕吉手烘咖啡等美食产品。

慕吉荔枝冰酒。以广州市增城区樟洞坑村的驰名“桂味”荔枝为原料，采用中国领先的华南理工大学冷冻浓缩技术，经超低温发酵精酿而成，散发出浓厚的蜂蜜和荔枝香味。口感甘甜醇厚，清新可口，颜色呈透明金黄色，是冬季温补的上品。研发四年以来已售出几千支，不少客人在民宿品尝后都会带一两支回家，是慕吉的网红爆品手信。

墨红玫瑰花茶。自然采摘、冻干，不含硫的优质玫瑰花茶。坚持不打农药，不施化学肥料，采用物理除虫，有机肥料。每一朵玫瑰鲜花都用人手采摘，自然晾晒。具有疏肝解郁、平衡内分泌、养颜护肤、保护心血管、利尿排毒等功效。

二、深圳·看见海手工海胆水饺

“靠海吃海＋纯手工制作”，绝无仅有的地方风味

看见海美式精品客栈位于深圳市大鹏新区南澳街道，客栈推出“看见海杂货铺”，包含手工海胆水饺、自制花果茶、自制小鱼干、自制陈年青梅酒等手工自制美食，以及南澳特色新鲜野生黑海胆、海胆粽子、

野生红虾仔等南澳特产。其中，手工海胆水饺最受欢迎，海胆水饺采用南澳的新鲜海胆，由民宿员工手工制作而成。据看见海客栈民宿主反馈，海胆水饺大受好评，仅 2020 年上半年就卖出 231 份，营业收入两万多元。

三、惠州·爱树心物

“公益情怀 + 文化植入”，打动的是对环境的爱

爱树，推爱及树，是专注于公益环保及乡村生态发展工作的社会企业，以树木作为链接，以乡村民宿作为据点，促进人与自然、城市与乡村融洽发展。目前在惠东、从化、博罗、中山等地开设爱树品牌系列乡村民宿。爱树品牌推出“爱树心物——见物，即见心”创意产品品牌，希望能够帮助村民增加收入、重拾信心，帮助破落的村庄重获生机，恢复尊严。

其中，“乾隆荔枝”最具代表性。这片两百多年的古荔枝林位于惠州龙门县平陵镇牛尾村。曾经，这里的荔枝树是财富的象征。近年来，随着城市经济的发展，物价上涨而荔枝价格却不断走低，越来越多的年轻人不愿再守着荔枝林，而是选择远离家乡，到县城或更远的地方打工谋生，荔枝无人采摘。爱树于2016年发起了一次众筹，让荔枝林受到政府的关注，并被立项保护了。

“乾隆荔枝”品种为广东怀枝，肉厚而味清，果香悠远。从种下之日起便从未移植嫁接，平均每棵树达240年，真真正正保留着乾隆时期的荔枝的原始味道。不施化肥，不喷农药，不打激素，绿色种植，吃得健康、放心。

此外，“爱树心物”的创意产品还有“认养一棵樱花”、爱树心物系列明信片、爱树心物系列杯垫等。

四、韶关·原色洛神花山野礼盒

“自产直销＋私人定制”，老板娘的淳美故事

韶关原色客栈位于丹霞山景区入口处，是由两夫妻经营的民宿品牌。由老板娘研发的“一朵花事”洛神花山野月饼，精选丹霞山当地食材，纯手工制作而成，不添加任何防腐剂，所有的色彩均为植物天然的色素，如蓝色的蝶豆花，红色的洛神花，绿色的抹茶，黄色的南瓜等。

月饼的馅料除了沿用洛神花爽甜的口味之外，也加入了肉松蛋黄松香的口味。而用于调味的糖品，他们采用罗汉果糖。在享受美味的同时，也让身体不会有任何的负担。

第十章
民宿的财务管理

⊙李超

民宿作为新兴酒店行业非标住宿的典型，其核算主体跟单体酒店类似，其主要模块就是成本费用和收入，相对比较简单。但是民宿虽小，涉及的财务知识和处理事项却一点不比大型企业少。

第一节　财务成本

一、不可变动成本

不可变动成本主要是房租和装修成本，这两项成本直接决定了房间的质量和房价的区间，越是房租贵装修投入多的民宿其价格定位也必定高，后期运营和营销的难度也越大，对于如何选择地段、设计和装修等前期筹备工作可以作为参考。

二、变动成本

变动成本主要分为物资采购成本、客房成本、餐饮成本、能源成本、人工成本及营销成本等。以采购成本为例，对于一个企业来说采购通常是大批量、持续性的，这与单个消费者的零星购买是完全不同的。单个消费者购买数量有限，不具有和供应商讨价还价的能力，而企业的购买力对于供应商来说是非常值得重视的。当民宿尤其是走连锁品牌化路线的民宿具有了和供应商砍价还价的能力，就可以影响采购货物的价格甚至节约时间提升工作效率。

民宿日常经营中所需的种类繁多的原材料，如肉、蛋、奶、蔬菜等食品原料，各种饮料酒水甚至客房使用的棉织品等，由于相对标准酒店较小的体量很难定制统一的采购标准，这就要求根据自身情况进行调整。比如蔬菜供应商最好要求能送货上门，有供应商配送就可以节约自身人力资源，节省时间成本，这个时候价格就成了次要影响因素；比如布草供应商最好能在周边货比三家，询问一下周边同行哪家洗得好、褶子少、工人靠谱，对于很多按照五星级标准采购布草的民宿来说尽可能地延长布草使用寿命更加经济实惠，每天能按时送洗、遇到节假日不断档是重要的参考因素；其他零星采购电商平台即可解决，方便快捷省钱是原则。

易耗品的采购要参考民宿自身库房的容积大小。广东的民宿普遍面积比较小，空间有限，这就要求不能有过多库存，必须根据每月甚至每周使用量合理控制采购批量和存货周转率。

第二节　财务监管

一、财务监督

民宿在日常运营中肯定会产生林林总总的费用，包括：电话费、邮寄费、垃圾清运费、餐费、差旅费、零星维修费等。不少民宿由于缺乏专业的会计，财务流程不完善不正规导致费用失控，从这里损失的利润往往很隐性，这就涉及会计除核算外的另一大主要职能——监督，要遏制民宿利润的隐性流失。

财务监督的对象是民宿的经营活动，最直接的工作就是监督费用报销是否真实、单据发票是否完整、月末盘点是否准确、财务流程是否合规、店内员工尤其是前台工作的质量。客人的房费是否真实、有无少收或者多收情况、和OTA网站的对账及佣金结算、应收账款的催收回款核销等，都需要门店会计来负责。此外，会计还要负担前台员工的培训，大到办理入住退房续住开发票，小到核账存钱打回单，可以说工作内容伴随着整个运营的方方面面。

当然有监督就有冲突，并不是所有员工都理解财务工作要求和内容，同事对着干、被老板怼也是常事，这就要求会计在工作中培养沟通能力和职业精神，工作不为情绪所左右。

二、财务管理

现今社会支付手段多元化，移动支付已经成为主流，民宿 90% 的收入通过微信或支付宝。如何在纷繁复杂的日常运营中保证资金流的安全准确，也是考验会计的标准。要做到账簿及时准确登记、现金及时存入银行、银行流水及时对账等。看一家民宿是否有正常的资金流是能否存活下去的关键，而资金流、报表各项数据是否准确却考验的是管理运营能力。

民宿盈利，老板和运营团队都是关键点。工作中的会计不是加减，而是借贷；运营中的财务不止收付，还有分析；民宿中的财务不是全职，而是兼职，他可能还同时是前台、客房、厨师、司机、导游。这只是民宿中的一个工作模块而已，想要做好已是不易。如果对所有岗位模块不熟悉，盲目进入这个行业势必要失败或者付出极大成长代价。所以说民宿运营是对民宿经营者、民宿管家综合素质和团队运营能力的层层考验，做民宿尤其是想持续盈利的民宿就是一个打怪升级的过程。

第三节　民宿成本管理

民宿的运营成本一般包括固定资产分摊、房租、人力成本、日常损耗等费用。

一、房租：包括押金、房租以及房租的递增

房租一般占到营业额的五分之一到六分之一，不管是自有物业还是租赁物业，都应该算租金成本。一般在签约的时候，房东会要求房租有一定的递增，比如 3 年涨 10%，一年涨 3% 等。相对于固定租金的合同，此类合同有优点也有缺点。优点是一定程度上防止房东毁约，而缺点是成本增加，如果经营不善，转让脱手比较困难。因此，具体房租的算法

可以将合同期内的租金总和计算后再均摊到每年每月。

二、设计费

设计师分不同级别，设计费用也不一样。

普通设计师：市场价在 60—100 元每平方米左右。

有一定经验的设计师：市场价在 150—200 元每平方米左右，这是民宿设计中最常规的取费价格。

专业民宿设计团队：一般不会低于 300 元每平方米的价格，基本会在 500 元每平方米左右。

业内知名设计师：600 元每平方米以上，是不少高端民宿设计费的两倍。

三、装修（硬装与软装）

硬装指的是除了必须满足的基础设施以外，为了满足房屋的结构、布局、功能、美观需要，添加在建筑物表面或者内部的固定且无法移动的装饰物。传统的硬装主要是对建筑内部空间的六大界面，按照一定的设计要求进行二次处理，也就是对通常所说的天花、墙面、地面的处理，以及分割空间的实体、半实体等内部界面的处理。

整个空间中所有可移动的元素统称软装，包括家具、装饰画、陶瓷、花艺绿植、布艺、灯饰、其他装饰摆件等。软装的每一个区域、每一种产品都是整体环境的有机组成部分。

一般景区乡村民宿的建设成本参考：

（1）混凝土框架结构：1600—2000 元 / 平方米；

（2）钢构建筑体：1200 元 / 平方米；

（3）室内装修：2000—3000 元 / 平方米；

（4）园林景观：500—1000 元 / 平方米；

（5）新型构造式建筑：2500 元 / 平方米。

装修款项的比例：

（1）地面石材、瓷砖、木地板等，40%；

（2）门窗用木材、饰面板等，20%，如大面积落地窗较多的可增加此预算；

（3）非购买家具需现场加工的储物柜等，10%；

（4）油工料（含涂料、油漆等一切与油式相关材料），10%；

（5）暖工料、改管线、换水嘴等，5%；

（6）电工料、改线、开关、灯具等，15%。

在进行装修预算的时候，需要提前估算装修回收期。一般来说，装修的回收期定在3—5年之间比较合理，不建议超过5年。

四、人工成本

无论是自己运营或是请人管理，都需要计算人工成本。民宿的管理人员一般包括店长、管家、前台、清洁工、厨师、司机等，具体的员工数量与民宿客房多少以及档次定位有一定的关系。以深圳较场尾民宿小镇十间客房的高端民宿为例，一般需要招募4名工作人员。按店长6000元／月、管家4000元／月、前台3800元／月、清洁工3500元／月的标准计算，4名员工一个月需要开支约1.8万元，一年则需要21万元左右。

五、日常损耗

日常损耗分为几个小部分，比如拖鞋、洗发水、沐浴露，护发素、润肤乳，甚至部分高端民宿会提供香氛、香水、洗面奶、香薰，再包括一次性的牙膏、牙刷，还有日常的布草送洗等。这些日常损耗并不能完全等于日常支出，因为日常支出还包括食宿之类的其他成本。

第十一章
民宿安全管理和应对

⊙徐灵枝

第一节　民宿安全的内容

一、安全生产的常识

安全是指不受威胁，没有危险、危害、损失，即人类的整体与生存环境资源的和谐相处，互不伤害，不存在危险、危害的隐患，或者免除了不可接受的损害风险的一种状态。

安全生产是指在生产经营活动中，为了避免造成人员伤害和财产损失的事故而采取相应的事故预防和控制措施，以保证从业人员的人身安全，保证生产经营活动得以顺利进行的相关活动。

安全应用在民宿经营领域，可以这么定义："民宿安全"是指在民宿日常经营过程中，为了避免造成旅客及民宿员工人身伤害和财产损失的事故、意外或公共卫生事件而采取相应的危害安全的预防和控制措施，以保证旅客及民宿员工的人身安全，保证民宿经营活动得以顺利进行的相关活动。

二、民宿安全的规范

如今在国内最早关于民宿安全的规范主要有一部国家导则，多部地方标准。

1.2017 年《农家乐（民宿）建筑防火导则（试行）》

2017 年 3 月，住房和城乡建设部、公安部、国家旅游局联合印发了《农家乐（民宿）建筑防火导则（试行）》（以下简称《导则》）。《导则》提出，农家乐（民宿）的从业人员应熟悉岗位消防职责和要求，做到"一懂三会"（一懂：懂本场所火灾危害性；三会：会报火警、会使用灭火器、会组织疏散逃生）。村民委员会或经营管理农家乐（民宿）的行业协会应建立志愿消防队。有条件的地区，应根据需要建立专职消防队等。

《导则》旨在预防农家乐（民宿）建筑火灾，规范防火改造措施，加强消防安全管理水平，降低火灾风险，保护人身和财产安全，促进乡村旅游发展。《导则》共有 6 章 48 条，分别对农家乐（民宿）建筑的消防基础设施要求、消防安全技术措施、日常消防安全管理、施工现场消防安全管理、消防安全职责等问题进行了明确。

《导则》还规定，相关要求主要适用于经营用客房数量不超过 14 个标准间（或单间）、最高 4 层且建筑面积不超过 800 平方米的农家乐（民宿）。超过上述规模或新建的农家乐（民宿），应符合《农村防火规范》（GB50039）、《旅馆建筑设计规范》（JGJ62）、《建筑设计防火规范》（GB50016）要求。不适用于土楼、地坑院、窑洞、毡房、蒙古包等传统建筑。已经投入使用的农家乐（民宿）的消防安全技术措施不符合本导则要求的，应按本导则要求进行改造，完善消防安全技术措施。

2. 安徽省《民宿客栈安全管理规范》（DB34/T 2569—2015）

该规范明确了民宿客栈安全的定义，包括民宿客栈餐饮、设施设备、消防、治安、客房、行李与贵重物品寄存等方面的安全管理以及日常检查、事故应急处置、报告等项目。

三、民宿安全的预防

凡事预则立不预则废。民宿的安全涉及方方面面，根据众多民宿主多年运营经验，在民宿安全的预防方面，应做好以下预案：

（1）为民宿财产和客人人身安全购买专业的民宿商业保险；

（2）做好急救知识手册；

（3）做好突发紧急事件预案；

（4）适合民宿体量的足够的消防设施；

（5）时常检查监控系统，确保正常运作；

（6）定期检查民宿内电线电路、电器等。

第二节　民宿空间安全

空间安全分为建筑安全和消防安全。

一、建筑安全

民宿是依托闲置物业开展经营活动的业态，民宿的建筑就是经营的本底，建筑的安全居首要位置。

1. 民宿选址基本要求

民宿选址应当符合空间规划的相关规定，即符合各地的国土规划、城乡建设规划、村庄规划、水源保护规划及旅游发展规划，并应当避开易发山洪、泥石流等自然灾害和其他影响公共安全的高风险区域。

自然保护区，饮用水水源一、二级保护区，风景名胜区的核心景区等区域，禁止新建、改建、扩建民宿项目。一般而言饮用水水源一级保护区内原有民宿项目，都属于违法建筑，会被县级以上人民政府责令拆除或者关闭。

民宿与树林的边缘保持安全距离，安全距离应在 6 米以上，将民宿和森林自然隔离，防止民宿火灾与森林火灾的相互伤害。

2. 民宿建筑施工要求

民宿建筑施工并无特别要求，完全可以参照现有的国家规范实施建筑施工工程管理。在土建施工阶段，主要是保证施工人员安全、施工用电安全、施工机械设备操作安全、拆除工程安全。在装修阶段，主要注意保证房屋结构安全，厨房墙面采用不燃材料，顶棚和屋面应采用不燃或难燃材料，灶台、烟囱应采用不燃材料。

二、消防安全

消防安全是民宿安全的重中之重。

任何人发现火灾都应当立即报警。任何单位、个人都应当无偿为报警提供便利，不得阻拦报警，严禁谎报火警。火扑灭后，发生火灾的单位和相关人员应当按照公安机关消防机构的要求保护现场，接受事故调查，如实提供与火灾有关的情况。

1. 消防安全职责

民宿经营者应履行下列消防安全职责：

（1）建立健全防火责任制和消防安全制度；

（2）配齐并维护保养消防设施、器材；

（3）组织开展防火检查，消除火灾隐患；

（4）每年对从业人员进行消防安全教育培训；

（5）制订灭火和疏散预案，每半年至少组织一次消防演练；

（6）及时报火警，组织引导人员疏散，组织扑救初起火灾。

2. 民宿消防安全举措

（1）制作逃生路线图，置于民宿公共区域和客房；

（2）放置疏散指示标志，保证紧急断电时，便于寻找出口路线；

（3）疏散门使用说明，贴于门上；

（4）灭火逃生器材的放置和使用方法简易教程贴于明显位置；

（5）防毒面具的放置；

（6）客房内明火使用、吸烟的禁止指示标识。

3. 民宿火灾扑救

火灾扑灭宜快宜准。在火灾初起阶段，火势较弱的时候，采取正确的方式灭火。扑救初起火灾的原则包括：发现火情，沉着镇定；扑灭小火，争分夺秒；儿童老人，逃生要紧；大声呼救，及时报警；生命至上，救人第一。

火场自救逃生法则：逃生预演，临危不乱；熟悉环境，牢记出口；通道出口，畅通无阻；扑灭小火，惠及他人；保持镇静，明辨方向，迅速撤离；不入险地，不贪财物；简易防护，蒙鼻匍匐；善用通道，莫入电梯；缓降逃生，滑绳自救；避难场所，固守待援；缓晃轻抛，寻求援助；火已及身，切勿惊跑；跳楼有术，虽损求生。

每一家民宿都应配备逃生“四件宝”：灭火器、逃生绳、手电筒和防毒面具。民宿主及民宿员工都要熟练掌握使用方法。

第三节　民宿用电安全

一、养成用电好习惯

民宿用电和普通居民家庭用电不同，特别是达到一定规模、有较多客流量的民宿，具有用电容量需求较大、用电设备较多、供电安全性要求较高等特点。所以，民宿用电安全，显得尤为重要。

采取合适的供电方式，不超负荷用电。总用电容量超过 10 千瓦的，需要到电力部门办理三相增容手续，实行三相用电，以免供电不足引起负荷过载。总用电容量超过 100 千瓦的，需要办理安装变压器手续，才能满足用电需求。

提供餐饮服务的民宿，应使用安全、节能、环保的电炊具。

具有一定规模、经营效益好的民宿，日常需要连续、可靠的供电，建议办理双路电源供电，以提高供电可靠性。如果当地不具备双电源供电条件，业主可以配置合适容量的自备发电机，以备电网停电时的不时之需，但需要到电力部门办理发电机接入手续，以保障安全运行。

使用的各种电器总电流不能超过最大额定电流，以免过载烧毁。

二、选好电器不含糊

民宿客房，公共区域电器必须选用合格产品，有条件的应使用品牌电器，并做好检查。因涉及客人安全，应重点做好以下几个电器的安全使用。

1. 空调

空调电源应设专门的导线和插座。勿拉扯电源线拔出插头，以免损伤电源线，导致触电危险。勿将空调用于其他用途，如干燥衣物等；勿在空调附近使用加热器具，过度的热辐射可能导致塑胶部件融化。空调外机安装高度不能低于 2.5 米，否则外壳必须接地接零。空调如开机时吹出的风中带有尘土，且掺杂着霉味，有的甚至流出黑黑的脏水，这些都在提醒我们，该空调可能已经到了使用年限。

2. 吹风机

使用时人不能离开，更不能随意搁置在沙发、床垫等可燃物上；要确保手部干燥；最好不要在浴室或湿度大的地方使用；使用后要及时将电源线从电源插座上拔下，并放置片刻，等出风口冷却后再存放。

3. 充电宝

充电宝中部分产品如外部遭遇挤压、冲击等，可能发生内部短路，从而引发自燃或爆炸。选购时最好选用锂聚合物电芯的电池，其安全性较高，且寿命相对较长。发现充电宝温度异常升高时，应迅速将其置于远离人群、有一定防火防爆功能的容器里。

4. 彩电

显像管电视，当出现图像不清晰、画面抖动等情况，就意味着相关元器件出现老化，同时辐射也会增大，一旦遇到碰撞、骤热、骤冷等情况，可能引起显像管爆炸（平板电视进入市场时间较短，暂不涉及“超龄”问题）。

第四节　民宿食品安全

一、食品安全相关要求

1. 从业人员健康管理要求

不管是否兼营餐饮，建议民宿从业人员在上岗前应取得健康证明，每年进行一次健康检查，必要时进行临时健康检查。

患有国务院卫生行政部门规定的有碍食品安全的疾病的人员，不得从事接触直接入口食品的工作。

餐饮服务提供者应建立每日晨检制度。有发热、腹泻、皮肤伤口或感染、咽部炎症等有碍食品安全病症的人员，应立即离开工作岗位，待查明原因并将有碍食品安全的病症治愈后，方可重新上岗。

从业人员保持良好的个人卫生。操作时应穿戴清洁的工作衣帽，头发不得外露，不得留长指甲、涂指甲油、佩戴饰物。

操作前应洗净手部，操作过程中应保持手部清洁，手部受到污染后应及时洗手。

操作人员进入专间（冷菜间、裱花间等）时，应更换专用工作衣帽并佩戴口罩，操作前应严格进行双手清洗、消毒，操作中应适时消毒。不得穿戴专间工作衣帽从事与专间操作无关的工作。

从业人员工作服（包括衣、帽、口罩）宜用白色或浅色布料制作，专间工作服宜从颜色或式样上予以区分，定期更换。

保持清洁，接触直接入口食品的操作人员的工作服应每天更换。

2. 食品原料采购验收及贮存要求

采购的食品、食品添加剂、食品相关产品等应符合国家有关食品安全标准和规定的要求，不得采购《中华人民共和国食品安全法》第三十四条规定禁止生产经营的食品和《中华人民共和国农产品质量安全法》第三十三条规定不得销售的食用农产品。

采购食品、食品添加剂及食品相关产品的索证索票、进货查验和采购记录行为应符合《餐饮服务食品采购索证索票管理规定》的要求。

贮存场所、设备应保持清洁，无霉斑、鼠迹、苍蝇、蟑螂等，不得存放有毒、有害物品及个人生活用品。

食品应当分类、分架存放，距离墙壁、地面均在10厘米以上。食品原料、食品添加剂使用应遵循先进先出的原则，及时清理、销毁变质和过期的食品原料及食品添加剂。

冷藏、冷冻柜（库）应有明显区分标识。冷藏、冷冻贮存应做到原料、半成品、成品严格分开放置，植物性食品、动物性食品和水产品分类摆放，不得将食品堆积、挤压存放。冷藏、冷冻的温度应分别符合相应的温度范围要求。冷藏、冷冻柜（库）应定期除霜、清洁和维修，校验温度（指示）计。

3. 粗加工、切配及烹饪要求

加工前应认真检查待加工食品，发现有腐败变质迹象或者其他感官性状异常的，不得加工和使用。

食品原料在使用前应洗净，动物性食品原料、植物性食品原料、水产品原料应分池清洗，禽蛋在使用前应对外壳进行清洗，必要时进行消毒。

易腐烂变质食品应尽量缩短在常温下的存放时间，加工后应及时使用或冷藏。

切配好的半成品应避免受到污染，要与原料分开，根据性质分类存放。

切配好的半成品应按照加工操作规程，在规定时间内使用。

用于盛装食品的容器不得直接放置于地面，以防止食品受到污染。生熟食品的加工工具及容器应分开使用并有明显标志。

不得将回收后的食品经加工后再次销售。

需要熟制加工的食品应烧熟煮透，加工时食品的中心温度应不低于70℃。

加工后的成品应与半成品、原料分开存放。

需要冷藏的熟制品，应尽快冷却后再冷藏，冷却应在清洁操作区进行，并标注加工时间等。

4. 凉菜配制要求

加工前应认真检查待加工食品，发现有腐败变质或者其他感官性状异常的，不得进行加工。

专间每餐（或每次）使用前应进行空气和操作台的消毒。使用紫外线灯消毒的，应在无人工作时开启 30 分钟以上，并做好记录。

专间内应使用专用的设备、工具、容器，用前应消毒，用后应洗净并保持清洁。

供配制凉菜用的蔬菜、水果等食品原料，未经清洗处理干净的，不得带入凉菜间。

5. 食品添加剂的使用要求

食品添加剂应专人采购、专人保管、专人领用、专人登记、专柜保存。

食品添加剂的存放应有固定的场所（或橱柜），标明“食品添加剂”字样，盛装容器上应标明食品添加剂的名称。

食品添加剂的使用应符合国家有关规定，采用精确的计量工具称量，并有详细记录。

二、餐用具清洁

1. 餐用具清洗消毒保洁要求

餐用具使用后应及时洗净，定位存放，保持清洁。盛放调味料的器皿应定期清洗、消毒。消毒后的餐用具应贮存在专用保洁设施内备用，保洁设施应有明显标识。餐用具保洁设施应定期清洗，保持洁净。

餐用具宜用热力方法进行消毒，因材质、大小等原因无法采用的除外。消毒后的餐用具应符合《食（饮）具消毒卫生标准》（GB14934）的规定。不得重复使用一次性餐用具。

应定期检查消毒设备、设施是否处于良好状态。采用化学消毒的，应定时测量有效消毒浓度。

已消毒和未消毒的餐用具应分开存放，保洁设施内不得存放其他物品。

2. 食品加工用抹布、毛巾、菜板、菜刀的清洗消毒

抹布具有良好的吸污力和吸水力，在含水状态下，易造成细菌繁殖。其污染情况多和菜板、墩、菜刀相同，因此每天应当进行清洗、消毒。根据场所、使用目的应准备大量专用抹布分别使用。抹布的清洗、消毒过程是：

（1）用加洗涤剂的热水洗净；

（2）反复地刷洗；

（3）煮沸消毒 30 分钟；

（4）热风机干燥（或太阳干燥）；

（5）保洁存放。

食品加工过程使用的毛巾应参照抹布消毒程序分别进行清洗消毒。菜刀应每日清洁，做到光亮洁净，并用 75% 酒精擦拭消毒。

菜板（墩）的清洗、消毒应经常进行。注意生熟分开，注意区分肉类、水果、糕点类案板和刀具。

由于木质菜板吸湿性的特点，食品的浸出物和水、细菌可一起被吸入（浸进），往往成为细菌的良好滋生地。无论怎样清洗，其效果也是在表面。因此木质菜板经常要用刀刮除菜板上的油污、杂物，并用 150 ～ 300mg/L 有效氯消毒液消毒或用沸水浸烫 10 分钟以上，消毒后或浸烫后菜板应立即晾放，保持清洁。

3. 餐具清洗步骤

（1）一洗：刮掉附着在餐饮具表面上的大部分食物残渣、污垢；

（2）二刷：用含洗涤剂溶液洗净餐饮具表面；

（3）三冲：最后用清水冲去残留的洗涤剂。

4. 餐具消毒步骤

（1）物理消毒。包括煮沸、红外线等热力消毒方法。采取煮沸消毒应控制温度 100℃保持 10 分钟以上。采用红外线消毒，一般控制温度

120℃保持15分钟以上。

（2）化学消毒。主要为各种含氯消毒药物。使用浓度应为有效氯250mg/L（250ppm）以上，餐饮具全部浸没入液体中，作用5分钟以上。一般当红外线设备出现故障时，餐具消毒采用此化学消毒法。不受热力的餐具，如塑料杯、玻璃杯、木筷子等（以及厨房砧板、抹布等）都采用此方法。化学消毒后的餐饮具应用净水冲去表面的消毒剂残留。消毒用的消毒液每次使用时都要更换一次，需重新配置。

5. 餐具保洁方法

（1）消毒后的餐饮具要自然滤干或烘干，不应使用手巾、餐巾擦干，以免受到再次污染。

（2）消毒后的餐饮具应及时放入餐具保洁柜内。

（3）食具保洁柜每天用消毒水清洁一次，并做到无杂物、无苍蝇、无蟑螂。

（4）从保洁柜中取出餐具时，操作人员应戴一次性手套。

6. 消毒后餐具的清洁指标

红外线消毒：光洁、干爽，无污渍、水渍和茶渍。

化学消毒：光洁，无油渍和污渍。

三、食物中毒人员的应急处理

（1）催吐。只要胃内尚有毒物存在，都应做催吐处理，催吐是排出胃内毒物的最好办法。

（2）可用硬羽毛、匙柄、筷子、手指等搅触咽喉壁使之呕吐，同时饮用清水，反复刺激呕吐。

（3）将食盐8克溶于200毫升温水中反复口服。

（4）病情严重者在应急处理的同时急送医院进行进一步救治。

第五节　民宿突发事件应对

民宿属于典型服务业，为旅客服务，必然会产生一些不可预测，或者说是突发的事件。做好应对管理预案有助于突发事件的快速应对。

一、客人醉酒、酗酒的应对

首先，若非以精酿或其他酒文化为主题的民宿，不建议备过多酒类产品；其次，为防备客人醉酒酗酒，有条件的民宿应备一些醒酒的简易食疗方；最后，经常检查店内监控设备，保障时刻正常运行，监控设备可以保存醉酒酗酒客人在店里的酒后行为，为后续可能产生的纠纷争议提供有力证据。

无论是店内还是店外客人，民宿管家都应注意，客人醉酒后失去理智，处于不能自控状态，甚至会有胡言乱语、滋事、破坏民宿店内财物、调戏女性顾客或员工等行为，应时刻注意并灵活处理。

对于尚未完全失去理智的醉酒客人，应及时通知其随行未饮酒的同伴，一起将其劝至客房或其他适宜的地方，待其酒醒。

如醉酒客人在民宿公共区域发酒疯，打人、骂人、破坏店里财产，无法控制，应及时通知民宿负责人、村小组（社区）联系人，并报警处理。

醉酒客人酒精中毒，有面色苍白、口吐泡沫或其他严重症状时，应及时通知民宿负责人、村小组成员，并设法送到医院抢救，必要时报警请求警察帮助。

二、打架斗殴、流氓滋事的应对

一旦发生打架斗殴、流氓滋事事件，民宿管家要及时报警，并报告村小组（社区）联系人。尽量联合民宿其他员工或热心客人一起尝试控制事态发展，保护好店内其他客人的人身安全和店内财产安全。

将斗殴双方或肇事者分开，等待公安机关处理。如事态严重，有伤害事故发生，要及时抢救伤员。

现场检查时，查清酒店设施是否遭受损坏，损坏程度及数量，做好记录上报负责人。

三、客人财物被窃

有条件的民宿购置（小型）保险柜（箱），为客人提供便利，贵重物品建议客人自行保管。如客人丢失物品，民宿管家接到报告后，应马上到现场，向客人了解丢失物品的前后经过和物品种类、价值等详细情况，并做好记录。

如果丢失贵重物品，询问客人是否需要报警，如要报警，可按照程序封锁现场，提醒客人不要随意翻动物品，等待警察到来。如丢失非贵重物品或物品价值不大，客人不愿意报警，可按照以下程序处理：请客人再仔细检查一下自己的物品是否放错位置，或在客人同意后进入房间帮助查找，要注意尽量两人同行或全程拍摄、录音。

四、停水停电紧急处理

发生突然停水停电，要首先查找停水停电原因。如果是店内故障，要及时通知维修工进行维修检查；如果是外部故障，需要打电话给供水公司、供电公司报告情况，请他们尽快派维修人员抢修。

理清停水停电原因、时长后，及时向客人说明情况、请求谅解，并做好应急准备工作。一旦水电恢复正常，需对民宿进行检查，确保正常运转，无安全隐患。

五、员工、客人出现意外事故

员工、客人等在店人员意外情况有时候因各种原因不可避免。民宿管家和员工应沉着冷静，适法应对，避免情况进一步恶化。民宿员工应具备基本的急救知识和方法，对常见意外情况，如人员抽搐、休克、中暑、昏厥、噎喉、骨折、烧伤等有基本的应对方法。如果了解当天入住客人有医护人员，应寻求专业人员协助解决。

民宿员工接到意外情况的报告后应组织相关人员迅速赶到现场，仔细询问客人情况，根据客人受伤程度和病危人员的现状第一时间安排送往医院治疗。在客人亲友未到之前，安排工作人员看护。

如遇客人疑似没有呼吸、无生命体征（应由医疗机构判断事实），应确定当事人身份，保护好现场，并立即与派出所取得联系，配合警察做好处理工作，按客人登记及其他线索与客人所在单位及亲属联系，协助做好善后工作。

六、夜间无人值守应对

如民宿是属于夜间无人在店内值守的形式，则应在客房、大堂公区做好充分的标语提示，并在客人入住时充分提醒，提供紧急情况的联系方式以及应急包。每天离店前必须检查民宿监控设施，确保正常运作并能远程查看，以便应对紧急情况。原则上不建议安排紧急联系人员（民宿工作人员）距离民宿太远，影响应对效率。

广东民宿发展研究院

广｜东｜文｜旅

广东文旅丨广东民宿发展研究院

广东民宿发展研究院是广东文旅民宿与乡村旅游研究有限公司（Guangdong cultural tourism, B&B, and rural toruism study CO.,Ltd，简称GCRS）旗下一支强大的民宿研究团队，通过因地制宜剖析地方民宿产业特点及文化价值，重点开展民宿产业发展研究、民宿运营管理培训、民宿开发可行性研究、民宿专项规划等服务。是广东省内第一家致力于民宿与乡村旅游发展的专业顾问机构。

GCRS旗下广东乡村旅游研究中心是为了创新发展乡村旅游运营机制，提高乡村旅游产品质量，实现乡村旅游健康发展和可持续发展，改善农村产业结构，促进一、二、三产业融合发展，推动以旅游为主导的特色小镇与美丽乡村的建设，整合省内外乡村旅游创新人才资源，常态化研究与社会服务，发挥中心在乡村旅游理论研究、人才培养、决策咨询、社会服务、乡村旅游管理培训等方面的优势。

近年来，广东文旅充分依托广东省旅游民宿和乡村民宿建设经验基础，通过政策、报告、规划、产业、运营、招商、培训、调研等系统性服务，先后在广州、深圳、梅州、惠州、韶关、河源、佛山、潮州、揭阳、云浮等地开展相关民宿咨询服务，成功打造出一批民宿发展示范项目。与广东省旅游协会民宿分会合作，打造出“广东民宿发展年度白皮书”“广东精品民宿调研乡村行”“粤宿沙龙”“广东民宿集群产业峰会”等四大品牌服务项目。